チェーンストアの実務原則・シリーズ

新しい売場構成

［新訂版］

桜井多恵子著

実務教育出版

シリーズ刊行のねらい

本シリーズは、わが国にチェーンストア産業を築造するために、いま営々と努力しつづけている人たち、すなわちチェーンストア志向企業で働く中堅幹部を、対象にしている。

なかでも、範囲は少ないにしても徐々に決定権ないし専属起案権をもつことを認められ、成果としての経営効率数値についてなんらかの期待をもたれはじめた三十歳前後の人々を、とくに念頭において書かれたものである。

内容は、チェーンストア経営の実務について、体系化された基本技術書である。その特徴は、昭和五十年代前半に同じ出版社から出された「講座　チェーンストアの実務」全一二巻が、入社後三〜五年生対象で、理論体系としてはビッグストアからチェーンストア・システムへの橋わたしとしての過渡的なものであったのに対し、今回のものは本格的なチェーンストア経営システムとしての行動原則に取り組んでいることである。

さらに昭和六十一年以降に発表された拙著『チェーンストア経営の目的と現状』（現『21世紀のチェーンストア』）『チェーンストア経営の原則と展望』『チェーンストア　能力開発の原則』の実務展開について、解説シリーズとしての役割を担うものである。

したがって、このシリーズの論旨は、十九世紀後半以来の欧米におけるチェーンストア産業の経験法則と、わが国におけるビッグストアづくりの実務体験に基づいている。それはビッグストアづくりの技術をチェーンストアの技術へと体系的に転換させることを意図している。したがって、現時点での現場での難問や障害の解決策にチェーンストア経営のシステムとして再構築しようというものだ。

しかしながら、チェーンストア産業形成には欧米で一〇〇年以上もの歳月が必要であったし、いかにわれわれの努力でそれを短縮しても五〇年以上はかかるに違いない。日本ではチェーン化志向の経営が初動してから、まだわずか四〇年しか経過していないのだ。これまではチェーンストア産業づくりの前段階としての、準備時代だったのである。準備時代とは何か。それは、すぐれた人材の確保とスペシャリストの育成時期であった。

そのための教本（テキスト）として執筆されたのが、今回のこのシリーズである。したがって、すでに確立され確認された行動原則は、できるかぎりテーゼ化することをモットーにした。そのまま中堅諸君が行動および判断原則として理解すれば、実務が正当に、しかも確実に前進させられるように執筆されている。

チェーンストア経営のシステムとは、人類が二十世紀後半に開発できた豊かな〝暮らし〟を国民大衆に提供する、技術の体系である。本シリーズが対象とした十年選手たちが十五年選手、二十年選手として円熟するとき、そしてそうしたテクノクラートたちが企業単位ごとに数十名あるいは数百名育成確保されたとき、さらにそのような事業集団が三桁の数で出そろってきたとき、初めてチェーンストア産業が成立する。わが国にも遅まきながら、国民の豊饒な日常生活が確保されるのである。

その時期は二十一世紀の初頭からとなるであろう。われわれ執筆者のロマンの花は間もなく満開になるものと信じている。

編集企画者兼執筆者代表
渥美俊一
（日本リテイリングセンター・チーフコンサルタント
チェーンストア経営研究団体ペガサスクラブ主宰）

（つづき）	（つづき）	基礎知識		ビジネス社	チェーンストアの経営・	1969
			「チェーンストアの実務」（全12巻のうち5巻）	実務教育出版	これからのチェーンストア経営	1972
					チェーンストアの組織づくり	1972
					商品構成の決め手	1972
					チェーン実務能力うでだめし・	1974
					アメリカのチェーンストア・	1974
		自己育成	「チェーンストアの人材」（全5巻のうち3巻）		スタッフ・	1974
					マーチャンダイザー	1974
					ストアマネジャー・	1974
		方針の提案	「チェーンストア経営」（全4巻のうち1巻）		チェーンストアのショッピングセンター経営・	1975
		新技術の提案	FS 業	柴田書店	ズバリ直言　これからの食堂経営	1976
1980年代	チェーンストアへの切替え	問題提起	「転換」（全4巻のうち3巻）	実務教育出版	転換期の経営戦略	1981
					転換期のマンパワー	1981
					転換期のマーチャンダイジング	1981
			「フードサービス業のチェーン化政策」（全3巻）	柴田書店	フードサービス業の経営戦略	1983
					フードサービス業の商品と店舗	1983
					フードサービス業の店長と作業	1983
		基礎	「チェーンストアマンの教養」（全3巻のうち1巻）	ぱるす出版	チェーンストアとアメリカ社会・	1983
	本格的チェーンストアづくりへ	技術原則	「チェーンストアの実務原則」（続刊中）	実務教育出版	全訂・商品構成（○）	1983
					全訂・仕入れと調達（○）	1985
1990年代					全訂・店舗レイアウト（○）	1992
					新訂・ストアコンパリゾン（○）・	1996
					新訂・チェーンストアのマネジメント（○）	2003
					店内作業・	1984
					新訂版部門別管理・	1990
		経営システム	「チェーンストアの新・政策」（続刊中）		チェーンストア経営の目的と現状	1986
					全訂チェーンストア経営の原則と展望（○）	1986
					全訂チェーンストア能力開発の原則（○）	1987
					チェーンストア出店とSCづくり	1990
					ディスカウンティング	1994
2000年代		業態別展開	「生協」	コープ出版	生協店舗現論	1992
					生協バイヤーのバイイングの基礎技術	1995
			「SM」	商業界	SSM に軌道をとれ	1994
			「FS 業」	柴田書店	1990 年代の食堂経営Ⅰ、Ⅱ	1988
					外食業王道の経営　上　経営戦略編	2003
					〃　下　ノウハウ編	2003
					フードサービス業チェーン化入門（○）	2009
		理念		実務教育出版	21 世紀のチェーンストア（○）	2008
		軌道		ダイヤモンド社	流通革命の真実（○）	2007
		技術	「チェーン経営の決め手」		チェーンストア組織の基本（○）	2008
					チェーンストアの商品開発（○）・	2010
					流通業のための数字に強くなる本—チェーンストアの計数管理（○）	2011
				白桃書房	渥美俊一チェーンストア経営論体系・理論篇Ⅰ、Ⅱ、事例篇　編・矢作敏行（○）	2010

◇ほかにも単発で中小企業診断協会、有紀書房、同文舘、有斐閣、ビジネス教育出版、講談社などから出版されている。

渥美俊一著書の歴史的発展

・印は共著、○印は現在販売中

(A) 商業の原点

発表時期	ねらい		シリーズ名・グループ名	出版社	書名	発行年
1959、1960	原点	本商人（ほんあきんど）		中小企業診断協会	経営のヒント60	1959
			「儲けるから儲かるへ」	池田書店	実例による解説　もうかる商店経営	1959
					新しい商店　儲かる商店	1960
1959～82のものを1997・98に再編集したもの		商業経営の精神論と技術総論	「渥美俊一選集」（全5巻）	商業界	1巻　繁盛への道（○）	1997
					2巻　成長への道（○）	1997
					3巻　経営戦略への道	1997
					4巻　科学的経営への道（○）	1998
					5巻　チェーン化への道（○）	1998
1988					商業経営の精神と技術（○）	1988

(B) ビッグストアづくり

1959	ビッグストアづくり	夢の提案		中小企業診断協会	小売商業の近代化・（日本の小売商業革命の展望）	1959
1960年代				文化社	日本のスーパーマーケット・	1960
			「大量販売」(全5巻)		大量販売の基礎条件	1963
					大量販売の戦略	1964
					大量販売の技術	1964
					急速成長企業の戦略	1966
					体質改善の戦略	1966
				商業界	時流にのる商店経営	1966
			「食堂ビッグ化」	柴田書店	食堂経営入門	1962
					食堂の経営戦略	1967
		基礎	「ビックストアへの道」（全11巻のうち10巻）	ビジネス社	小売業成長の秘密	1967
					マーチャンダイザー入門	1967
					店づくりの新戦略・	1967
					これからのスーパーマーケティング・	1967
					ストア　マネジャー入門・	1968
					商品スタッフの新機能・	1968
					こらからの店員の基礎知識・	1968
					ショッピングセンターの経営・	1968
					商店経営の組織づくり	1969
					小売業はどうなるか・	1969
				ダイヤモンド社	商店経営に強くなる事典	1969

(C) チェーンストアづくり

1970年代	チェーンストアの準備	方向	「流通の戦略」（全8巻のうち5巻）	ダイヤモンド社	マス　マーチャンダイジリング	1971
					ショッピングセンター・	1971
					マンパワー　ディベロプメント・	1971
					チェーンストア　マネジメント(組織と管理)・	1971
					チェーンストア　エイジ・	1971
		原則		商業界	小から大への成長法則	2004

（次ページへつづく）

推薦のことば

本書の著者は、社会に出た直後から一貫して、私が責任者である日本リテイリングセンターに所属している。ご承知のとおり、私どもはわが国唯一のチェーンストア経営専門の経営コンサルティング機関であり、同時に、日本のチェーンストア志向企業のほとんどが加盟する研究団体ペガサスクラブの事務局でもある。

彼女はそこで、四分の一世紀を超える長い期間、もっぱら内外のチェーンストア経営についての調査に没頭してきた。この間、典型的なアメリカ人家庭での現地居住体験もし、ファッション・マーチャンダイジングでは最高のアカデミズムであるニューヨーク州立ファッション工科大学にも留学し、異邦人ながら最優秀の成績で卒業している。

もともとチェーンストアの実態について人が語るとき、日本人の場合は何がしかの色眼鏡で見た印象や、アメリカ人側が直面している問題意識の直訳といったことが多いものだ。しかし、わが国のチェーンストア経営志向の人々にとって必要な情報は、過去一世紀にわたるアメリカでの成否を含めた客観的な経験法則であり、大衆の日常の〝暮らし〟へのチェーンストアによる本当の〝ご利益《りやく》〟の内容である。それらを事例で経営理論としてまとめあげ、さらに消費者心理という面からも的確に説明できる人は、ほとんどいないのが実情である。

彼女は、それが合わせてできる貴重な研究者である。その論旨の展開について私が彼女に満腔の信頼をおいているからこそ、最近、私の講義のアシスタントやコンサルティングの分業をする機会がふえてきているわけだ。その着眼点や叙述は一見ユニークすぎるほどだが、それは決してエキセントリックや個人的なアイデアではない。二十世紀を通してアメリカで蓄積されてきたチェーンストア産業のノウハウであり、科学的に実験が繰り返されてきた技術の説明なのである。

本書は、店舗現場の活力化（リ・バイタリゼーション）や、マネジメントの再生のために書かれたものだ。ここには、これまで日本で一度も触れられていない切り口と画期的な改善と改革への新しい軌道が提案されているはずである。

一九九四年睦月、未曾有の大不況のさなかに

日本リテイリングセンター・チーフコンサルタント
ペガサスクラブ主宰
渥美俊一

本書のまえがき

本書は、チェーンストアのシステムを、店舗と商品の面から現場向きに説明することが目的である。システムづくりの最短距離は人類の経験法則から学ぶことだが、わが国では原則を学ぼうとしない人が多く、我流が横行している。したがって叙述はすべて、チェーンストアの先進国であるアメリカの実例に基づいている。

さらに、彼らのモットーである「お客の立場に立って」展開していることも特色である。これはだれもが口にしながら、実態はかけ離れていることが多い。私の所属する日本リテイリングセンター主催の、アメリカ視察セミナー参加者の一人が書いた帰国後レポートに、「〝お客様は神様だ〟という言葉の意味を、アメリカのチェーンストアを見て、初めて理解した」とあった。

アメリカでは、だれもが日本人よりも豊かな生活ができているのは、チェーンストアが商品とショッピングとに、そのような〝ご利益《りやく》〟を提供しているからである。

本書の内容は、これまでわが国ではあいまいにされてきた「売場構成」のあり方を明確にしている。店のイメージや活力は一つひとつの商品や店舗のアメニティーではなくて、本当は売場構成で大きく左右されるものなのだ。

そこで、第一章でチェーンストアの基本理念を述べ、第二章は売場づくりの第一歩としてアメリカのチェーンストアが確立した新しい分類を、事例を挙げて説明している。あわせて、日本では理解されていないフォーマットごとの品揃えの特徴も、詳しく述べている。とくにアメリカの生活者が、いろいろあるフォーマットを、どう使い分けているのかがわかっていただければ、豊かさについての意味が一変するはずである。

第三章は、店段階で直ちに活用できる実務上の行動原則を詳述した。そのほとんどは、わが国では初めて紹介される項目が多いはずである。

本書の主な読者対象は、小売業に従事して一〇年以上は経過した、いいかえれば実務をひと通り経験した中堅の方である。そこまで経験がない方でも、アメリカ視察に行くチャンスに恵まれたなら、出発前と帰国後とにぜひとも読んでもらいたい。アメリカのチェーンストアがすばらしいノウハウを蓄積し実行しているかが、理解していただけるであろう。

なお、本書の土台となった論文は、月刊チェーンストア経営専門誌『販売革新』(商業界発行)に、一九九〇年から九三年までの間に私が書きためたものであるが、さらに推敲を重ねたつもりである。しかし本書で述べた論旨の出発点は、すでに発行されている『チェーンストア経営の目的と現状』(現『21世紀のチェーンストア』)、『チェーンストア経営の原則と展望』、『商品構成』、『店舗レイアウト』(いずれも渥美俊一著）であり、あわせてお読みいただければ、理論はより体系的になるはずである。

一九九四年一月

日本リテイリングセンター
チーフ・リサーチャー　桜井多恵子

現状に合わせて事例を変更し新訂版とした。特に重点をおいたのは、一九九〇年代後半から二十一世紀の初頭にかけて、アメリカのチェーン業界で活発に展開されてきた「客の立場に立った」売場のまとめ方と関連のさせ方とについてだ。その考え方と類型をより詳しく説明することを主眼としたつもりである。

二〇〇四年四月

著者

新しい売場構成〔新訂版〕 目次

2　新しい売場分類の考え方

3 売場づくりの実際

新しい売場構成〔新訂版〕

1

マス・マーチャンダイジングの条件

1　チェーンストアの商品政策

一九八九年からアメリカのファミリー・カジュアルウエア専門店チェーンのギャップ（The Gap）が断続的に打ち出している広告キャンペーンは、同社の商品政策を如実に表わしている。

モデルがギャップの商品を着て、その商品の価格が表示されているが、それは背景のない白黒写真である。広告媒体は全国規模の雑誌、バス停のビルボードなどである。

それは何の変哲もない、ありきたりの広告のようだが、実はまったく違うのだ。なぜならその特殊性は、

①　モデルの年齢が、十代から六十代までと幅広い。〈日本では、いつも若い世代の美形がモデルである〉

②　作家、学者、デザイナー、俳優、歌手、スポーツ選手、そしてその家族（主婦や学生）と、モデルの職業がまちまちである。有名な人も有名でない人もいる。〈日本では、特定の有名人ばかりを使っている〉

③　白人、アフリカ系、東洋系など、人種、民族もばらばらである。

④　男も女も老人も若者もいる。

あらゆるデモグラフィック（人口統計上の各類型）を代表するモデルが、ギャップのプライベート・ブランド（ＰＢ）を着ている。一〇ドルのＴシャツや二八ドルのスポーツシャツ、三八ドルのデニムのジャケットを、「その人なりの」組合せと着こなしで自然にカメラにおさまっているのである。

ある年の夏の雑誌広告は、同じ一二ドルの胸ポケット付Ｔシャツを、十代から六十代の男女一〇人のモデルが、さまざまに着ているシリーズ広告であった。

たった一二ドルのシンプルな胸ポケット付Ｔシャツが、着る人が違い、ボトムとの組合せを替え、重ね着したり、袖口を巻き込んだり、裾をタックインにしたり、わざとオーバー・サイズのものを着てみたり、アクセサリーを付け加えたりする、といった着こなしの違いで、まるでそれぞれが別の商品に見えたのである。

この広告が象徴するギャップの商品政策は、年齢、性別、人種、職業の区別なく、次のとおりである。

①　広い客層をターゲットにする。

②　その広い客層にもかかわらず、その人々が共通のライフスタイルであるカジュアルなＴＰＯＳ（Time, Place, Occasion, Life Style の略。本書第２章１節参照）に合わせた商品のみを開発する。

③　ベーシックな品種だが、色彩とスタイルはファッションである。
④　だれもが、無理なく買える価格を設定する。
⑤　だれにでもフィットする豊富なサイズ揃え。

こうしたポリシーが、他社との差別化となり、同社の商品をお客にとって特別なものにしているのである。

客層とは、わが店が主力の購買層として想定するお客のグループのことである。あらゆる人々のあらゆる求めに応じることは不可能なので、少なくとも狙ったお客の限られた求めについてだけは満足してもらおうと考えるわけだ。

そこで日本の専門店は、「わが社は年齢が十八～二十五歳のOLか女子大生で、親と同居しており、小遣いが自由に使える人のうちの、○○マインドの客をターゲットにしています」というふうに、客層を狭く限定しようと努力してしまう。

ところがギャップのお客は、「ベビー・ギャップ」や「ギャップ・キッズ」まで入れると、下は生後六か月から、上は際限がない。女も男も両方ともが同社の商品をひいきにしている。職業の点からいっても、学生、主婦、農民、技術者、事務職、あるいはミュージシャンやアーティストと、多種多彩である。

日本では問題にならないことだが、人種の点からいってもアングロサクソン、ラテン系、スラブ系、アフリカ系、東洋系、アラブ系、ユダヤ系と、さまざまだ。

こうして客層が広いからこそ当然、客数が多くなる。だから一、五〇〇店を超すチェーンが成り立っているのである。

客層限定は間違い

ギャップは、バナナ・リパブリック（Banana Republic）という元サファリルックのSS（Specialty Store）チェーンを所有している。かつて日本のマスコミがほめたたえたから、ご存知の方も多いはずだ。

日本の専門店は、かつてのバナナ・リパブリックを「ライフスタイル店」の見本としたのだが、実はチェーンストアとして学んではいけない「客層限定」を、ここから習ったのである。

それとは逆に親会社のギャップはこの子会社から、客層を絞ってはビッグ・ビジネスは成り立たないということを、思い知ったのである。

バナナ・リパブリックは、一〇〇店を超えたとたんに店数の増加が停滞した。一九九〇年代後半のことである。その理由は、同社が人口五〇万人以上の商圏立地でしか成立しないからだ。リージョナル・ショッピング・センター（大型）の商圏人口は一二万〜二五万人だから、それより大型のスーパー・リージョナル型（超大型）のショッピング・センターかダウンタウンにしか出店できないのであった。

では、なぜ巨大な背後人口が必要かといえば、想定するお客が特殊、すなわち客層を絞りすぎたからだ。

この店のいわゆる「コンセプト」は、「サファリルック」であった。サファリジャケットやカーキ色のショーツだけでなく、アフリカ旅行の本まで売っていた。だから西武のロフト館や東急ハンズ風の「ライフスタイル」ストアとして、日本ではすばらしいと、もてはやされたものだった。

しかし、このサファリルックほど、着る人、とくに愛用する人を狭く限ってしまうものはない。これは、もともと二十世紀の初めに、当時先進国だったヨーロッパのアングロサクソン系を代表とする国々が、アフリカ侵略の際に確立した服装のスタイルなのである。

たっぷりとした長めのスカート、パッドで肩をいからせたシャツは、背の高いガッシリした体格によく似合う。カーキ色も白い肌や金髪にこそ映えるものなのだ。ところが背が低く、黒い髪の私たち東洋人が、これを着たらどうだろう。密林に潜む正真正銘のゲリラ隊員のように、見すぼらしく映るのではないだろうか。

東洋人でなくてもユダヤ人でも同じことだ。アメリカの映画俳優、ウッディ・アレンがサファリルックの服を着ているところを想像してもらいたい。似合うはずがないのだ。まして、アフリカ系の人がこれを着たらどうなることか知れている。

当時は目新しさが先立って、この店で衝動的に買物をしたことのある人も、着てみればたちまち自分にはそぐわないことを認識した。彼らは決してリピート客にはならなかったのである。

出店につれて大赤字を出し、その原因に気づいた同社は、その後商品を万人向けにアレンジし直した。しかし、一度固定してしまったストア・イメージを払拭できないで苦慮したのだ。もちろん、売価が高すぎることが、客数の減少に拍車をかけたのである。

この子会社の教訓に基づいて、親会社のギャップでは、年齢、性別、職業、人種を超えて、できるだけ多くの人々に愛用してもらえる商品の開発に専念している。特殊な好みのお客には他社で買ってもらえばよいという、徹底的に割り切った考え方なのである。

用途は限定

店は、あらゆる人のあらゆる要求に応じることはできない。

そこでギャップの場合、狙うべき客層を「あらゆる」人ではなく、「大多数」の人と決めたわけだが、その人々のあらゆる求めに応えることもまた、不可能である。衣類に限っても、一つの店に下着からフォーマルウエアまで、お客の満足のいく品揃えをしたら、一、〇〇〇坪以上の広い売場が必要になってくる。

そこで同社は、大多数の人が共通して、「たまに」ではなくて頻繁に必要とする衣類を商品化している。それがカジュアルウエアである。「カジュアルなライフスタイル」という、TPOSのみに限定した品揃えをしているのだ。

だからギャップには、ドレスもスーツも売っていない。英語でいう「スポーツウエア」、日本語でいうふだん着だけを売っているのだ。

ビジネススーツで通勤するサラリーマンも、家に帰ればアクティブウエアに着替える。週末はポロシャツとジーンズを着る。それ以外の職業の人や家庭の主婦、学生などは、一日中スポーツウエアだけで過ごすことが多いのである。

逆にアメリカでは、ドレスやスーツを売る専門店、つまり「よそ行き」というTPOSに品揃えを限定している店がある。百貨店はスポーツウエアも扱っているが、このよそ行き着のほうに品揃えの重点を置いている。日本の店のように、狭い店内にあらゆるTPOSの商品を、実際はどれも中途半端にアソートメントしていては、競争に負けてしまうからである。

ギャップは、狙った広い客層の人々が共通して使用し、その頻度が最も高い衣料であるスポーツウエアを商品化した。だからこそ、店数が一、五〇〇店を超すことができたのだ。これは、だれにとっても使用頻度の低いフォーマルウエアやドレスやスーツを扱っていたのなら、とうてい成し遂げられなかった偉業なのである。

マス・ファッションを狙う

このようなギャップの商品は、だれもが必ずもっているTシャツ、ポロシャツ、トレーナー、スポーツシャツ、ショートパンツ、チノパンツ、ジーンズなど多くの人に共通のベーシック・アイテムである。

だからといって同社の商品のスタイルは、決して「コンサーバティブ」または「クラシック」だけなのではない。それどころか、ギャップの商品は八割はまさしくホット・ファッションなのである。

同じTシャツでもゼネラル・マーチャンダイズ・ストア（GMS）のシアーズで売っているTシャツは、五年間以上もほぼ同じスタイルのクラシックが主力であるが、ギャップのものは、ファッションの変化に応じて色も形も激しく変化する。

一九八八年から八九年にかけて大ヒットした、綿一〇〇%のインターロック地のシャツは、モック・タートルネックと呼ばれている、ゆったりしたハイネックが特徴だった。当時はだれもが一枚とはいわず、二枚も三枚も持っているといっていいほど、たくさんの人々に愛用されていたものだ。

オーバーサイズのプールオーバーに、この衿が付いているだけなのだが、プレ・ウォッシュ・ニット（洗いざらしのニット）のざらざらした手ざわりの生地の目新しさも加わって、人気を得たからだった。

単にTシャツといっても、ギャップが八八年から始めて、いまだに売り続けている同社のベーシック・アイテムは、「ポケットT」というニックネームのとおり、胸ポケットが付いている。衿ぐりと袖がゆったりとしていて、生地は三枚一組で売っている普通のTシャツより厚手である。色はその季節のファッション・カラーで、当初から今までに約二〇色が入れ替り、売り出され続けている。価格が手ごろなので、気軽にたくさんの色が買える。

毎日着替える使用頻度の高い服がホット・ファッションなのだから、それを着る人はだれでも楽しいに違いない。

このようなベーシックな品種の商品を、ホット・ファッションの色とスタイルで提供する。これがギャップのマーチャンダイジング・ポリシーのスペシャリゼーション（差別化）なのである。

九〇年春の同社の雑誌広告に、アメリカのテレビの人気プログラム『ムーン・ライティング』（時々、NHKで放映された）のヒロイン、シビル・シェファードが起用されていた。この知的ではあるが金髪グラマーの派手なキャラクターの持ち主が、ギャップのプライベート・ブランドである二八ドルのシンプルな白いスポーツシャツを、アクセサリーも付けず、自然なヘアスタイルで着こなした。

彼女がとりたてて目新しさのない白いスポーツシャツを着ていても少しも不自然ではないのは、同社の商品のスタイルが本当はファッショナブルだからなのだ。

気軽に買える売価

ギャップ社の広告は、どんな有名人をモデルにしていようと、はっきりと売価を打ち出している。先に述べたようにある年の夏の広告シリーズは、たった一二ドルの「ポケットT」をハイ・ファッション雑誌にまでアピールした。

実はこの点でもギャップは、試行錯誤していた時代があったのだ。同社はラルフ・ローレンの「ポロ」を真似たグレードアップ店のヘミスファー（Hemispher）を、一九八〇年にスタートさせた。ところが、数店の出店をしただけで撤退したのである。

高額品が売れれば確かに利幅は大きい。しかし客数はぐんと減る。所得の高い人もたくさんいるが、それらの人々も、できれば安いものを買いたいと考えるものだからだ。

店が数多くのひいき客をもっていれば、商品を売る可能性は無限にある。しかし初めから特殊な人、一部の金持ちを相手にしていたのでは、一回当りの取引で大きく利益を得たとしても、その買物頻度が少ないから大ビジネスにはまるっきり発展しないのだ。

ギャップの価格帯はアッパー・ポピュラーから、ロアー・モデレート・プライスである。百貨店より安く、ディスカウント・ストアより高い。そして価格帯の下限はゼネラル・マーチャンダイズ・ストアのシアーズやペニーと同じである。

チェーンストアの経営手段の特色は、店数を増やすことで客数を増やすこと、それによって売上高と純利益率とを高めることにある。そのための、他社と差別化できる商品のスペシャリゼーションは、より広い客層の、高購買頻度品であるふだん用に絞ることだった。これが、マス・マーチャンダイジングの本質である。

2 価格帯の考え方

ポピュラーとは英語で、「人気がある」という意味である。
そこで、
① 大部分の人が、
② 気軽に支払えて、
③ したがって人気のある、
値段のことを、アメリカでは「ポピュラー・プライス」と呼んでいる。当然のことながら、アメリカの大手チェーンストア企業の大部分が、このポピュラー・プライスをターゲットにしている。その狙いが正当だったからこそ、大チェーンになったといえるだろう。

たとえば婦人用のセーターなら、だいたい三八ドルから三八ドル、紳士用のドレス・シャツ（Yシャツ）なら八ドルから四五ドルである。

このポピュラー・プライスのなかで最もポピュラーな価格帯は、ミドル・ポピュラー・プライスと呼ばれている。婦人セーターなら一二～一九ドル、ドレス・シャツなら一二～二五ドルである。

アメリカではこのミドル・ポピュラー・プライスの商品が、圧倒的なシェアをとっている。つまり市場では、この価格帯の商品が品種も品目も最も豊富に揃っているのだ。

日本の大手が最初に打ち出す価格は、ちょうどこの二倍に当たる。日本人は、高いものを買わされていることになるわけだ。さらにホット・ファッション商品ともなると、とたんに値が吊り上がり、アメリカの三～五倍もして、およそポピュラー・プライスとは縁がなくなってしまう。それは、一万円を超えるからである。

ところがアメリカでは、長年人気を保っているクラシック・ファッションも、今絶好調のホット・ファッションも、いずれの商品についても最もセレクションの幅の広いのが、ポピュラー・プライスの商品群なのだ。

お客の立場に立ってみれば、気軽に買える値段の範囲の品揃えがいちばん多いのだから、それぞれにとって、「安くて良い品」を見つけるのは容易なはずである。

当然に、その品選びは楽しい。だからこそ、お客は何度も来たいと思い、商品の購買頻度は高くなるというものだ。

日本の場合は、それとは逆だ。「良いものは高い」、「安いものは悪い」という、ものを作る側の理屈が横行しているので、「安くて良い品」を探すのは至難のわざとなる。本当のところ日本でも、大部分のお客が求めているのは絶対に「高くて良い品」でもないし、「安くて悪い品」でもない。「安くて良い品」だけなのである。

お客は、日本では求めるものがなかなか見つからないと知りながらも、できれば高額の出費は避けたいから、少しでも理想に近づくものを買い回る。色や柄の良いものはなぜか決まって値が張るから、お客は迷う。商品を押しつけようと迫ってくる店員をかわしながら、決心がつくまで何度も出直すハメとなる。

バーゲンセールともなると、遠くまで出かけて行き、長い列に並び、押し合い、しかもまたまた迷う。もともとバーゲンセールは残品処理の手段だから、たとえ安くても本当にお客の気に入る、または十分に目的を果たす商品は少ないからだ。迷ったあげく、妥協して買っても、それこそ「安物買いの銭失い」になってしまう。

このように、アメリカでは楽しい買物が、日本の生活者にとっては苦痛でしかない場合がまことに多いのである。それというのも、日本ではポピュラー・プライスの概念が品揃えの前提になっていないからなのである。

プライス・ラインとプライス・ポイント

ここで、アメリカのチェーンストアが採用している売価決定のシステムを説明しておこう。

その店で扱う商品の売価の上限と下限の幅はプライス・レンジと言い、バイヤーが勝手に決めるものではない。トップ・マネジメントの決定事項に属する大問題だ。価格政策は、企業の存続にかかわるほど重要なテーマとされているからである。

「プライス・ライン」とは、それぞれの値段の種類をいう。

「プライス・ポイント」とは、各企業が最も重点を置いて多くの品目を揃え、陳列量も多いプライス・ラインのことである。

これらはマーチャンダイジング・マネジャーの責任範囲に属する決定事項であり、これもバイヤーが勝手に決めてよいものではないのだ。

たとえばコーヒーメーカーのいちばん安いものが九八〇〇円で、いちばん高いものが一万二、〇〇〇円なら、プライス・レンジは九八〇～一万二、〇〇〇円である。そして、そのなかで一、五〇〇～二、二〇〇円と五、〇〇〇～七、〇〇〇円に品目と陳列量が集中していたなら、これらの二種類の価格帯がその店の主力価格帯である。

この価格帯の分類には品種によって目安がある。呼び名は高いほうからいえば、

① ベスト・プライス
② ベター・プライス

③　モデレート・プライス

④　ポピュラー・プライス

の四種類である。

加えて、③のモデレート・プライスと、とくに④のポピュラー・プライスは需要が多く、そのなかだけでプライス・レンジ（売価の上限と下限の幅）を設定する企業が多いため、細分化されている。アッパーとミドルとロアーの三つに分けて、それぞれをロアー・モデレート・プライスとかミドル・ポピュラー・プライスというように呼んでいるのだ。

次にプライス・ライン（売価の種類）は、先の例でいえば九八〇〇円、五、九〇〇〇円、七、九〇〇〇円、一万二、〇〇〇円の、それぞれの値段をいう。その間に一、五八〇〇円、三、九八〇〇円という値段があれば、それもプライス・ラインである。そのなかでも一、五八〇〇円が売れ筋で、品目数も陳列量も多いのならば、その一、五八〇〇円がその店のその品種のプライス・ポイントといえる。

商品売価は仕入れ原価に値入れ率を〇〇％乗せたもの、という単純な計算で決められているのではない。価格政策はそれぞれの企業の特色を意味する。それこそが品揃えの基本的な方針なのである。

次に、アメリカのチェーンストアの価格政策の実例を紹介しよう。

21ページの図1―1の商品構成グラフを値段の高いほうから見ていくと、百貨店のノードストローム（Nordstrom）のプライス・レンジは下限が三〇ドル、上限が六八ドルである。それは、アッパー・ポピュラー・プライスからアッパー・モデレート・プライスにまで分布している。このほかにデザイナー・ブランドの、いわゆる特選品売場のベター・プライス商品があるが、こちらのほうは数が少ないから、この場合問題にはしていない。

次に、同じ百貨店でもメーシー（Macy）のプライス・レンジは二四～五六ドルだ。アッパー・ポピュラー・プライスからミドル・モデレート・プライスに分布しているが、明らかにメーシーの狙いはアッパー・ポピュラー・プライスだとわかる。

百貨店というフォーマットは、もともとプライス・レンジの広いものである。大商圏を狙っているから、特殊な用途の商品をその品揃えに加えねばならないからだ。ところが同じ百貨店でも、ノードストロームはミドル・モデレート・プライスに重点を置いているが、メーシーはより低いアッパー・ポピュラー・プライスに置いている。同じフォーマットでも、企業ごとにその価格政策は、若干異なっていることを、このグラフで知ることができる。

メーシーが当時、業績を一挙に上げるために採った苦肉の策が、同社の売価の下限を大多数向けの、ポピュラー・プライスに下げることだったのである。その売価政策は功を奏し、今日では最大の百貨店となっている。

その次に出てくるのがスペシャルティ・ストア・チェーンのリミテッド（The Limited）である。プライス・レンジは三四〜四三ドル、プライス・ラインは三つのみ。プライス・ポイントは三八ドルと、ロアー・モデレート・プライスに入っている。

そのあとのポピュラー・プライスのグループは、ひしめき合っている。リミテッドは後発だったために、競争の激しいポピュラー・プライスを避けて、それより少しだけ高い価格帯で、しかし百貨店と同水準のファッション性をもたせた品質の商品を割安に提供することで、成功を収めたのである。

ゼネラル・マーチャンダイズ・ストア（GMS）の最大手シアーズ（Sears）のプライス・レンジは、ポピュラー・プライス中のミドルからアッパー、重点を置いているのがアッパー・ポピュラー・プライスである。プライス・ポイントは二四ドル。同じGMSでも衣料品に強いペニー（J. C. Penney）は、それより低いミドルとアッパーの境目をターゲットにしているのだ。

次に、世界最大の小売業になったディスカウント・ストア（DS）のウォルマート（Wal-Mart）は、プライス・レンジが八〜一六ドルで、どの企業よりも売価の

図1-1　無地スラックスの商品構成グラフ

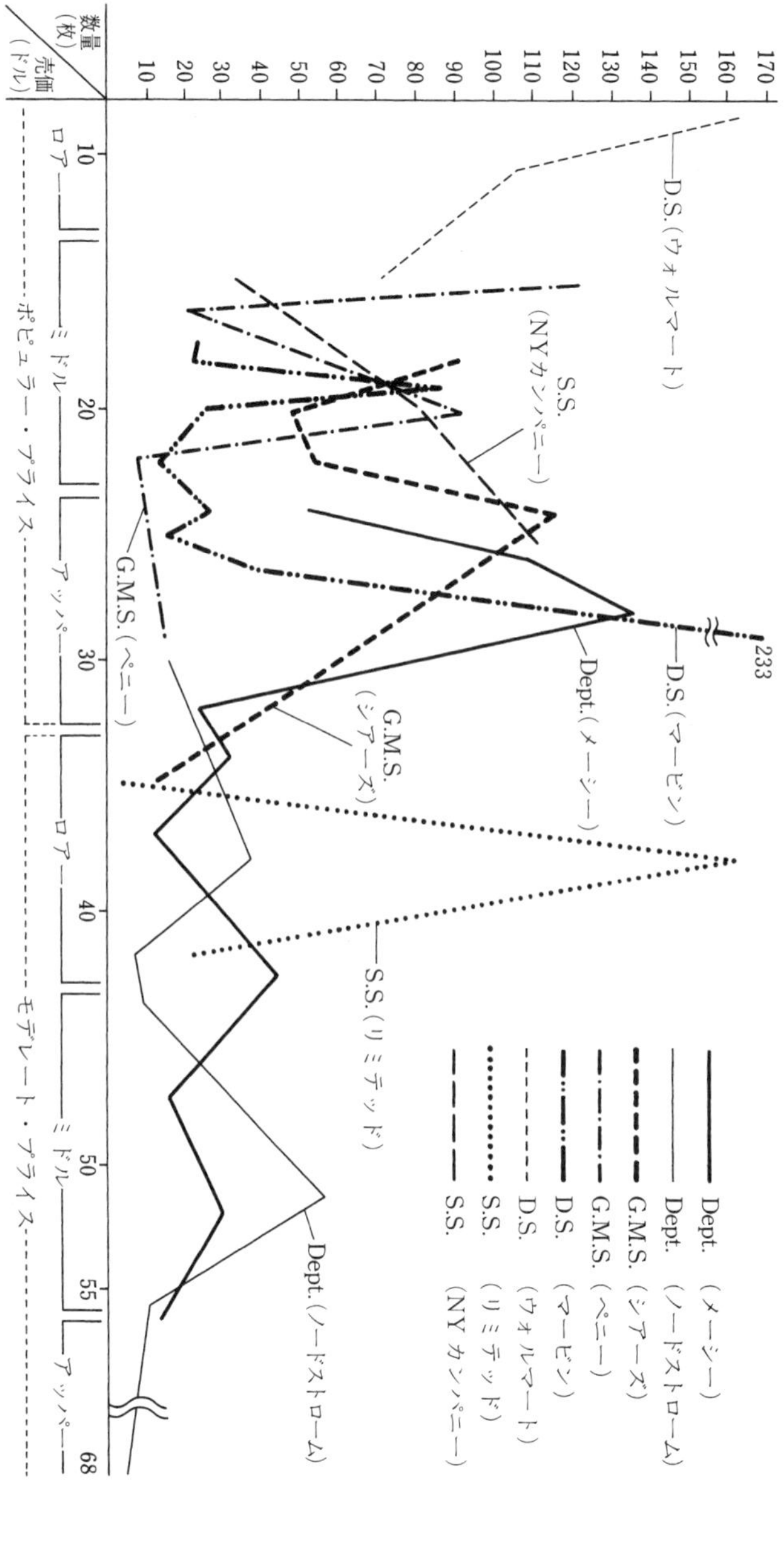

上限と下限の幅が狭く、ロアー・ポピュラー・プライスにプライス・ポイントがある。そのうえプライス・ラインは、総合店なのに三つしかない。ウォルマートは最も客層の広い価格帯の、さらにその左寄りに品目数を集中させているのである。ここで例に挙げた衣料のみならず、この方針は同社のあらゆる商品部門に共通で、一貫した価格政策を貫いているといえる。

グラフ上、ポピュラー・プライスに集中している企業は、すべて大チェーンばかりである。最も低い価格帯で勝負しているウォルマートは、アパレル売上高がアメリカ最大の企業だ。つまりアメリカ人は、他の店でよりも、ウォルマートからより多くの衣料を買っているのだ。それに続くのが百貨店のメーシーである。

ほかに、ジュニア百貨店のコールズ（Kohl's）やGMSのペニー、DSナンバー・ツーのターゲット（Target）、スペシャルティ・ストアのギャップも、それぞれ上位に入っている。

お客が気軽に支払える値段で商品を提供することこそ、ビッグ・ビジネスの秘訣である。それを、この商品構成グラフから学び取ることができる。

もう一つ、お客にとって商品を選びやすく、買いやすくするためのチェーン側の努力がある。お客を迷わせない工夫である。

お客を迷わせない売価

それは第一に、品種ごとの価格の上限と下限の幅（プライス・レンジ）を狭くすること。このことでお客は安心感を抱いて、店に買い物に来ることができる。この店ならいくらぐらい払えば目的のものを買うことができる、この店には〇〇円以上の高額の品は絶対にない、という信頼につながるのである。

ところがプライス・レンジが広いと、お客にはいくらの予算でどのくらいのものが手に入るのか予測することがむずかしくなる。こうなると、店に行くのがおっくうになる。無駄足になるかもしれないからだ。

第二に売価の種類（プライス・ライン）数を減らすこと。そうすることで、お客は短時間で品選びが可能になるのである。

たとえばシーツを買いに来たお客がいたとする。一、一〇〇円のものと一万二、〇〇〇円のものの違いはお客にとって用途が違うとすぐに理解できるはずだ。これだけ大幅に値段が違えば機能や見かけの違いが明らかなはずだからだ。

ところが、一、一〇〇円のほかに一、一八〇円と一、二〇〇円と一、二四〇円のものがあったとしよう。お客には八〇円から一四〇円の違いが、どこから発生しているのかわからないはずだ。メーカーが違うからだといっても、お客には納得できないだろう。使う立場にとって問題になるのは、機能や使い勝手や耐久性であって、だれが作ったかではないからだ。

そこで、お客はどれを買っていいのかわからず、迷うことになる。明確な根拠がない場合が多いから、店員に尋ねても満足な答は返ってこないだろう。

アメリカの大チェーンは、このような事態を避けるために、プライス・ラインの数を減らす。同じ目的の同じ機能の品目は、たとえメーカーや原価が違っていても一つのプライス・ラインに統一しているのである。値段が同じなら、お客は値段の違いについて考えなくてすむ。使い勝手や色や形の好みだけで品選びができる。日本でも一万九、〇〇〇円と二万九、〇〇〇円の二本のみのプライス・ラインだけを扱う紳士スーツ専門店チェーンが一世を風靡したのはこのためだ。

第三に、だれもがほしがる売れ筋品目だけは、大量に陳列をしていることだ。各社のプライス・ポイントとその周辺にある品目は、売場では必ず一品大量陳列している。売場でその大量陳列はよく目立つから、お客はほしいものを簡単に見つけることができるのである。

日本ではめったにこの一品大量陳列がない。たまにあっても、売れ残りの処分なのだから、意味も印象もまったく違うのである。

このように、だれでも気軽に支払える値段の商品を、その範囲内でたくさんある品目のなかから、何の苦労もなく短時間で選ぶことができること。お客が迷わず気軽に楽しく、つまり安心ショッピングとショートタイム・ショッピングができることこそ、チェーンストアのめざす方向なのである。

3　良い品質の意味

商品の売価と品質とのあるべき関係についての、日本での理屈と欧米のそれとでは、大きく異なっている。

品質の良い商品を手に入れるには、必ず高いお金を支払わなければならないという常識が、わが国で確立しているかに見えることは、前節でも述べた。

ところが欧米の常識では、「良くて安い、安くて良い」ものが最も優れた商品の条件であり、いくら良くても高いものは、優れた商品としての値打ちは認めてもらえないのである。安いこと、厳密にいえば割安なことが、優れた商品には不可欠な条件になっているといえよう。

そこで明確にしなければならないのは、何を基準に「良い品質」といえるのかという点である。しばしば日本の衣料品のバイヤーは、アメリカの商品の品質が悪いと批判する。一言で表現すれば、縫製が雑だというのだ。それに比べてわが国の商品は、ミシンの目が細かく、真っすぐ通っていて、糸の端もきれいに始末してある、などと自慢する。しかしこうしたていねいさが、生活者にとって、本当に良い品質の基準になるのだろうか。

ある繊維メーカーの調査によると、ＯＬの服の所有数は平均七五着だそうである。所有数だけで稼働数の調査のないのが残念なのだが、それがわかれば、おそらくその数字は三分の一以下に下がるはずだ。

これは、着ないのにただ持っているだけの、「死に筋たんす在庫」ともいうべきものが、いかに多いかということを示しているにすぎない。

その「死に筋たんす在庫」は、すでに流行遅れだし、着あきてしまったものである。つまりそれは、商品としての寿命が終わっているのにもかかわらず、物理的には生き続けている。所有者にしてみれば、なまじていねいに仕立ててあるから、じゃまだとは思っても、もったいなくて捨てられないのだ。

購入のさいに支払った法外な値段を思い出すと、そのうち流行が戻ってくるかもしれないという、はかない望みを託すことにもなるのである。

この場合、必要以上にていねいな仕立てが、生活者たちを悩ませていることになる。商品としての寿命以上にていねいすぎる仕立ては、「良い品質」とはいえないことになる。そのために値段が高くなったのだから、ますます生活者には良くない性質であり、使う立場からいえば、これは〝悪い商品〟なのである。

ところが、彼女たちには選択肢がない。日本全国で売っている商品が、すべてこの「悪い＝適切でない品質」の商品ばかりだから、必要以上のコストを負担せざるをえないのである。

もう一つ例を挙げると、日本の子供服の耐久性は実に優れている。頻繁に洗濯しても、三〜五年もその機能を果たす。しかし子供はどんどん成長するのだから、それを着ることができるのは、せいぜい一、二年間である。幼児なら半年が限度だ。

それなのに日本の母親は、不要な数年分のコストを、購入時にむだに支払っていることになるのである。

高価格のカラクリ

先に法外な値段と書いたが、国際水準と比較して、日本の物価は高すぎる。最近ではこれが下がりつつあるが、しかしまだ高い。とくにアメリカと比較すると、日本と同じ、または日本のほうが安いというものを探すのは、なみたいていのことではない。

目安として、化粧品やトイレタリーが三〜五倍、食品については牛肉が三〜五倍といわれているが、それ以外の食品はだいたい二倍である。住居関連商品と衣料品は、一・五〜二倍といったところである。

では、なぜ日本の商品が高いのかというと、一般には流通機構に問題があることにされているが、もっと大きな要因はマーチャンダイジング上の問題点である。

重要なポイントは、作る立場の人たちが、まず品質を先に確定してから、その結果としての売価設定をしていることである。その結果どんどん売価が高くなるが、それを「高級化」・「個性化」の時代という美辞でごまかしてしまっている。

この場合、その品質を決める根拠となるものは、過去の慣習であったり、儲けるための条件であったりするだけだ。

儲けることは、ビジネスを繁栄させていくうえで大切なことである。しかし儲けるために、お客が本来必要としない機能までも付加することは、お客に対する裏切り行為である。

今までの日本は本当の意味での競争が起こっていないから、こうした行為が堂々とまかり通ってきた。競争の激しいアメリカでは、いや今日では日本でもそれは、決して通用しない理屈となっているのである。

値入れの非常識

日本の物価が高い原因は、もう一つ考えられる。作る立場、売る立場の人々が、「安さ」のご利益《りやく》を、心底理解していないという点である。

しばしば耳にする商品部内の論争で、「わが社のストア・ブランドは、○○ナショナル・ブランドにひけをとらない。したがって、原価が安いからといって売価まで安くすることはない。○○ブランドを少しだけ下回る値段なら、お客はわが社の品のほうを買うはずだ」というのが一例である。

例の二つめは、「今シーズン、このスタイルの売行きが非常によい。だから、次に入荷する商品からはもっと値上げしよう。それでもお客は喜んで買うはずだ」。

例の三つめは、「ストア・ブランドをわが社の標準値入れ率で売価設定したら、同一品種の他の商品より四割も安くなる勘定だ。これでは、ストア・ブランドばかりがよく売れて、ほかが売れなくなる。もっと売価を上げて、利幅を大幅にとるべきではないか。そうしたら、他の商品との売行きのバランスもとれるはずだ」。

これらのどの例をとっても、アメリカのチェーンではまったく通用しない言い分である。そんなことをしたら、たちまちお客の信用をなくしてしまうからだ。

欧米の常識からいって、あるべきかたちは、第一の例でいうとわが社のストア・ブランドである以上、他の同じような目的の商品に比べて割安であることをお客が一目で理解できなければならない。そうでなければ、わざわざわが社の名前を商品に付ける意味がない。

チェーンストアの商品開発のあり方からいえば、ナショナル・ブランドと同一の品質で売価が少し安いだけでは不足である。チェーンストアの商品開発の本質は、メーカー側による作る立場の利益を優先させた品質基準を否定し、使う立場に立った新しい品質を創造することである。そうして作られたチェーンのプライベート・ブランドを、だれもが気軽に支払えるポピュラー・プライスで提供することなのである。

第二の例については、アメリカのチェーンではまったく逆のことをする。売行きの良い商品なら、初めから売価が低く設定されている。しかも売れ筋とわかれば、さらに値を下げて売るのである。だれもがほしがる人気商品なら、もっと買いやすい値段にして、お金に余裕のない人にも買ってもらおう、あらゆる人へと客層を広げよう、とするのである。

競争の激しいアメリカでは、お客がわが社で人気商品を見つけたとたんに、躊躇せずに買ってくれることを想定する。他社を買い回る余裕を与えずに、確実にシェアを取っていく作戦である。

また、そうすることで、リピート客が確実に増えるだろう。だれもがほしがる人気商品を、どこよりも早く、しかも安く提供している店として信用がつき、お客が頻繁に来店してくれることになるからである。

第三の例では、「安くて良い」商品であれば確実に売れていくことがわかったのだ。ところが日本で続発している試行錯誤は、同じ荒利益率なら単価の高いものが売れたほうが、利益高は当然高くなるという理屈である。こうした考えは、非常に短期的な視点の売る側の論理である。決して長続きはしない。

売れる品はもっとたくさん売り、売れない品は売ることをやめればよい。お客が店で「安くて良い」品を見つけるということは、お客がその店をひいきにすることにつながるのだ。そのあとずっと他の店に行かずに、わが社だけで買物をしてくれるから来店頻度と買上品目数が増えるようになるのである。

日本の現状はフォーマットによってはオーバーストア化が進んでいるが、まだ本格的な競争には至っていない。だからこそ、先に挙げた三つの例のように間違った理屈がまかり通るのだ。

ごく一部の動きだけを取り上げて、「日本人は高級品志向」という、根拠のない情報に、決して惑わされてはいけないのである。

あるべき品質とは

商品の値段は安くなければならないという絶対的な条件を念頭において、次は品質の考え方が問題である。あるべき品質は、使う立場に立って確立しなければならないからだ。

なぜなら、その商品が優れているかどうか判断するのは、使った本人にしかできないことだからである。

もちろん、使い勝手が悪かったり、すぐに壊れたりすれば、お客は二度と同じ商品を買わなくなる。その店にも来なくなるだろう。

だからメーカー側は、どんどん必要以上に堅牢に小ぎれいに、あるいは美しく見せかけたり、新しい機能を付加し続けている。それにつれて確実に値段のほうも急上昇、というのが日本製品の特徴である。

ところがここに、値段を現在の半分にするという条件をつけたらどうだろう。トレード・オフの考え方を採用し、使う立場に立って本当に必要な機能だけを与え、逆にそうでないものは削ってしまう、という改革をする。

たとえば先のOLの持っている古い衣装なら、彼女がそれを頻繁に着ていた期間だけ、ピンとしていればよかったのであって、それが二シーズンだったのなら、三シーズンめにはすでに捨てられている、というのがこの場合のあるべきかたちである。服をファッションの盛りの二シーズンの間、頻繁に着た結果、よれよれになったら惜し気もなく捨てられるだろう。

しかも新たに服を買うときには、今シーズンの新しいファッションのスタイルと色とで、価格も安ければ、飛びつかざるをえないだろう。そのお客はバーゲンまで待たなくても、無理せずに買えるからだ。

これがマス・ファッション商品のあるべき品質である。一〇年間も変わらぬ風合を保つ生地はこの場合不要である。ミシン目の細かさとか、ボタンの付け方といった、近視眼的な品質の問題ではないのである。

使い勝手と安さ

また別の例として、スコップの場合を考えてみよう。植木屋ならば耐久性を要求する。毎日何十回、何百回と土を掘り起こすからだ。ところが普通の家庭用ならば、土を掘る機会は年に数回しかないのだから、耐久性を必要としていない。それよりも、女性や子供用に、使い勝手のほうが優先されるのだ。耐久性のない分値段が安くなり、当然に軽くて扱いやすくもなることが、普通のお客にとってはいちばん望ましいことに違いない。

子供服の場合も、一～二年間頻繁な洗濯に耐えることを目安にした、生活者の立場に立った、新しい品質基準を設定すべきである。お古として他の子供にも使えることなどは、よけいなお世話である。

それよりも、値段の安いことが大切だ。安ければ母親にとって、かわいらしい子供服を頻繁に選んだり買ったりする楽しみが増えるのである。

日本の作る立場の人々の間では、このように、「良い品質」について根強い既成概念がはびこっている。「日本のお客は商品の仕上がりの緻密な美しさを重視する。機能や使い勝手、値段よりも、それを優先する」とさえ言うのである。

だから婦人用のショーツは、子供用のものより小さいくらいで、レースや刺繍のたくさんついたものがよく売れるという。小さいほうがかわいらしく見えるからというので、それを買ったお客は、自分のお尻よりずっと小さなそのショーツを、むりやり伸ばしてはくのだそうだ。

大人のお尻の大きさに最初からぴったり合うサイズで、飾りのない機能本位の商品は、お客が買わないから作らないという論理なのだが、お客の立場からいえば、売っていないものを買うことはできないのである。本当に使う立場に立って開発した商品なら、売れないはずがないのだ。

アメリカのチェーンストアのマーチャンダイザーは、こうした商品を開発するために工夫を重ね、そのあるべき形の実現で、しのぎを削っているのである。

「良い品質」の五条件

次に、チェーンストアが扱うべき、使う立場に立った良い品質の条件を挙げてみよう。それは五つある。

第一に、手軽に便利に使い続けることができるということである。どんなに頑丈で立派な商品でも、手軽でなければ人は使ってくれないものだ。

たとえばプロフェッショナルのカメラマン用のカメラは、もちろん優れた商品であるが、普通の人が使うにはかえって不便である。全自動のコンパクト・カメラのほうが、ずっと手軽で便利である。大衆をお客とするチェーンストアが扱うのは当然、後者である。使い方のむずかしいプロ用のカメラは、カメラマンにしか用はないが、コンパクト・カメラは用途によってはカメラマンも使うのだ。

第二に、ある特定の目的を完全に達成することである。先のカメラの例でいうならば、子供の運動会、家族旅行の記念写真が、満足のいくできばえで撮れることである。微妙な表現や芸術写真は撮れなくていいのだ。

第三に、同時に使うものが揃っていて便利なことである。たとえば、風呂場で使うものが同時に提供されること。桶、石鹸置き、マット、タオル、コップなどが、探し回らなくても、同じ店の同じ売場で同じ色と柄で買い揃えられることである。

第四に、手入れが簡単なことである。洗ったり磨いたりすることに、手数がかからないこと。たとえば子供服なら、アイロンがけがいらないことが条件である。毎日洗濯する子供の服の手入れに、時間をかけるわけにはいかない。しかも、アイロンなしでもピンとしていることが望ましい。仕入れる側は、生地の織り方、加工方法、繊維の種類、混紡率を検討しなければならないのである。

最後に、それを買うこと、使うことが、楽しく気持ちの良いものであることだ。たとえば衣料品ならば、ファッションであること。ホーム・ファッション用品なら、毎日の暮らしを気持ち良くしてくれるような色でありスタイルで揃うこと。食品ならば、とにかくおいしいことである。

良い品質としてこうした条件を満たしたうえで、だれもが気軽に支払えるポピュラー・プライスでそれを提供する。これこそ、チェーンストアが取り組むべき商品開発の本質である。

4 豊富な品揃えの解釈

品揃えについての日本の最近の風潮は、「必要な品だけを揃える」という考え方が広がってはいるものの、まだまだできるだけたくさんの品目を店に並べることが正しいとされているようだ。

それというのも、「お客の好みは年々多様化しており、一人ひとり求めるものが違う」という、科学的根拠のないムード的な、日本独特のマーケティング「論」に基づくからなのである。

そこで店側は、売場面積に限りがあるから、一品当りの陳列量を減らすことで、値段、色、柄、スタイル、デザインなど、少しずつ「見かけ」の異なるさまざまな品目を売場に並べることになる。この状態が日本では、一般に「豊富な品揃え」と考えられているのである。

ところがアメリカのチェーンストアの品揃えはこれとは逆に、プライス・ライン（売価の種類）と品目数とが少なく、当然に一品目当りの陳列量が多いのだ。

もう一つ、日本と違って多いのは、品種である。つまり、機能の異なる商品がいろいろとその売場に揃っているのである。この違いを、婦人用ショーツの例で説明してみよう。

日本型スーパーストアの、この売場の品目は無数にある。数え上げるのが困難なくらいだ。色、柄違いを無視したとしても、ショーツに限らず服飾品なら、優に一品種ごとに二〇〇品目以上はあるのが常である。

しかもその一品目ごとの陳列量は、一枚だったり二～三枚しかない。フェイシング数を三以上取るほどの陳列は、きわめてまれである。

売場に並んだ商品は、よく見るとそれぞれ、メーカー、スタイル、色、柄、レースやリボンなどのデザインが微妙に異なる。しかしその違いは、二、三メートルも離れて見れば、もはや識別できないほど些細なものである。

次に、この山のようなさまざまな品目の商品を、機能という見方、つまり使う立場に立って分類してみると、こんどはたいした数にはならない。つまり、似たような機能なのに値段と見栄えだけが少しずつ違うという、見せかけだけ豊富な品揃えなのである。

おまけにサイズまでが似たり寄ったりで、商品によっては一応、M、L、LLと三サイズ置いてあるのだが、いずれも成人女性用としては小さすぎる差で、その違いは明確ではない。

品種は多く

アメリカのチェーンの場合、GMSのペニーを例に挙げると、婦人用のショーツは日本と比較にならないくらい品種が豊富である。つまり、さまざまな機能の商品が揃っているのだ。

たとえば体にぴったりしたスラックスやジーンズをはくときのショーツは、形が外にひびかないことが条件になる。そのためにペニーでは、ブリーフを売っている。ゴムがお腹の回りやお尻に食い込まないように、ウエストの位置までの股上が深いもので、お尻の下まですっぽり包み込むスタイルだ。レースやリボン、刺繡などの飾りは、表にひびくので省いてある。日本の場合とまるっきり違うのである。

生地も、滑りのよい化学繊維のものがある。しかも、化学繊維の弱点である吸湿性や肌触りの欠点をカバーした開発素材でできている。最近日本では、ムード的なナチュラル志向がはびこっていて、おしなべて綿素材になってしまったが、それというのも商品を使う立場に立った機能の面でつきつめていないからなのだ。

スカートにゴム跡が現われないように裾を絞っていないもの、つまりトランクス型のものもある。肥り気味の人が着やすいように、足の付け根部分にゴムがなく、その代わりに伸び縮みするニットのバンドが縫い付けてあるものもある。

日本ではたとえこのような商品を扱っていたとしても、厚手の、やぼったい色とスタイルのもので、売場では老人向けとして特別扱いを受けていることが多い。スポーツ用にロングレッグの、体にぴったりそうニットのものもある。特別なおしゃれ用に、レースのブラジャーとお揃いのレースのビキニ型のものもある。もちろんこれは、コーディネートするブラジャーと一緒に陳列してあるのが常である。

万能型の商品なら、スタイル分類が三つに分かれている。

① ウエストラインから足の付け根までカバーするブリーフ
② 腰骨までのヒップハガー
③ 股上が浅く、股ぐりが深い、最も面積の小さいビキニ

小さいといっても日本のショーツのように、小学生用より小さいものをむりやり伸ばしてはくのではない。股上が浅いだけで、腰回りは大人向けにちょうどよくできているものだ。

ほかには、ハイレグ型のように、その時々のホットなスタイルが加わり、中にはクラシックとして定着するものもある（品種の明細は89ページの表2-2参照）。

このようにアメリカのチェーンの品揃えは、お客が実際に使う立場に立っており、

そうした点で日本よりもはるかに品種が豊富である。

日本でチェーンストアを自称していても、たくさんの品目が並んでいるだけで、実は同じような機能や目的やスタイルや着心地や素材の商品ばかりなのだ。これでは、決して豊富な品揃えとはいえないのである。

品目は売れ筋のみ

次に、品目の問題に移ろう。

ペニーでは、先に述べた機能やスタイルの異なる品種分類ごとに、その品目数は限られている。

たとえばスポーツ用なら、素材の違いで二品目のみ、色は白だけである。バンドレッグのブリーフなら、綿とアセテートの素材違いで二品目、すべてが三枚入りのパッケージ。色違いは白とベージュと、パステルカラーのアソートメント・パッケージの三種類のみである。これらがクラシック・カラーなのだ。

このようなベーシック・アイテムは、スタイルごとに素材の違いで二品目、色は一色または三色の色違いがあるだけなのだ。しかもこの色とその組合せは、十数年間同じである。しかしサイズは九種類もあるからだれにもフィットする。

ファッション商品は、たとえば幅広レース飾りがついているもの、サテンの華やかなプリント生地が特徴のストリング・ビキニ、ストレッチレースのハイレグカット・ブリーフ、他のインティメート・アパレルとのコーディネート商品などである。これらの品揃えは、それぞれのファッション・サイクルの回転によって変化していくものだ。

こうしたファッション商品の性格は、それぞれの時期に大多数の人々の人気を集めている明確な特徴を備えている。ということは、微妙に違う要素があってはいけないのだ。だから、それほど多くの品目になるはずがない。

アメリカのチェーンの品目数の目安は、だいたい日本の四分の一以下と考えればよいだろう。色違いや柄違いは、クラシック・スタイルの商品の場合よりも、さらに少なくなることが多い。なぜなら、それがホット・ファッションだからだ。一時期にみんながほしがるデザインや生地や色や柄は、ごく少数に決まってしまう。

日本のように色違い、柄違いが多いということは、売れ筋のファッション要素を備えた商品がすぐに品切れになり、売れ筋ではない人気のない生地や色や柄ばかりが売場に残ってしまう、ということなのである。

ペニーの売場では、ベーシック・アイテムとファッションとを明確に見分けることができる。前者は複数のパッケージ売りだから、パッケージの文字や絵がよく見えるように、ゴンドラに立てるかペガブル陳列をする。日本でも紳士用のアンダーウエアでは、このコモディティ・グッズとしての売り方を採用している。

もともと婦人用のショーツにも、コモディティ・グッズがある。毎日使うものだから、だれにとっても長年愛用しているひいきの商品がある。

ペニーのプライベート・ブランド（ＰＢ）には、数十年間変わらず人気を保っている、正真正銘のベーシック・アイテムが存在する。そして同社は、その在庫を切らすことがない。だからお客は商品購入の際に、三～六枚入りのパッケージの中身を確かめる必要はなく、安心して買うことができるのである。

日本の場合、継続して何年も同じ商品が売られている例はきわめて少ない。あったとしても、あらゆる品目が少しずつしか陳列されていないから、お客が来店したその時に同じものの在庫があるとは限らないのだ。

豊富さの演出

先に少し触れたが、アメリカでは商品のサイズが実に豊富である。婦人用のショーツの場合でも四～九種類もある。

日本の場合はほとんどがＭとＬだけで、そのうえＭであろうがＬであろうが、いずれも小さくできていて、引き伸ばさないと身に着けられない、窮屈な品である。

さまざまな色や飾りの種類を増やすことより、ベーシック・アイテムについてはお客の体にぴったり合ったサイズの商品を提供するほうが、より重要である。

ここでもう一つ、お客から見た品揃えの豊富さの決め手はコーディネーションである。同時に使うものが、それぞれ調和した色と形で、それらが探し回らなくても売場に揃っていることである。

ショーツなら同時に身に着けるブラジャーやキャミソールやスリップなどと同じ色や柄の商品が、そのグループ単位で売場に配置されていることである。

ベッド用品なら、ベッドルームで使うすべての商品をコーディネートすること、すなわち、シーツ、枕カバー、布団カバー、テーブルクロス、クッション、カーペット、カーテン、壁紙が、同じ色や柄で揃うことである。

日本の場合、このコーディネートの商品開発が欧米と比較してまったく遅れている。一つひとつの商品を見ていると、それなりに優れているのに、買って帰り、使ってみると、色や形が他のものと調和せず、不協和音を発するのだ。

これでは、せっかくの商品もだいなしである。快適な暮らしの創造とも縁遠いことになる。この問題については、次節でさらに細かく論ずることにする。

ペニーのPBは、この点でもモデルである。インティメート・アパレルやホーム・ファッション売場のみならず、婦人衣料、紳士衣料、子供用品までが、コーディネートした商品づくりと売場づくりになっている。しかもそのすべてが、ポピュラー・プライスなのである。

最後にもう一つ、売価について触れておこう。品揃えの豊富さをお客にアピールするには、売価の上限と下限の幅は狭くなければならない。いくらたくさんの品種や品目があっても、互いに値段がかけ離れていると、品選びのときに比較の対象にはならないからだ。

プライス・ラインの数も、多くてはいけない。一〇円や二〇円ごとの違いをお客にわからせるのは、無理な相談である。かえって客を惑わせることになり、不審を招く。豊富さの強調には、逆効果なのである。

ここで「豊富な品揃え」についてまとめてみると、少なくてよい要素と多くてよい要素がある。売れ筋に限るという意味で少なくてよいものは、

① 単品（SKU）数
② スタイル数
③ 色（味）数
④ 価格ライン（売価の種類）数
⑤ 価格レンジの幅（売価の上限と下限の間隔）
⑥ 商品ライン（価格帯ごとの商品グループ）数
⑦ 短期（一日～三日間）特価特売〈なくすこと〉

である。多くてよいものは、

① 同一価格の品目数（テイストの違う品目）

調和しない日本の商品群

②　体型・年齢世代ごとのサイズ（規格）数
③　売れ筋品目ごとの陳列量（販売量に正比例）
④　一品大量陳列（重点販売）の品目数
⑤　商品開発した売れ筋品目数
⑥　互いにコーディネートする品種数と品目数

である。

繰り返すが、いろいろあることが豊富なのではない。お客が求めている商品を、いつでも、大多数の人々にとって買いやすい値段で提供することが、豊富な品揃えといえるのである。

5　トータル・コーディネーションの基本条件

衣料品に限らず、住居用品でもスポーツ用品でも、日本の商品をアメリカやヨーロッパのものと比較した場合、いまだに大幅に後れをとっているのが、ここで問題にするトータル・コーディネーションである。

個々の商品をとれば、品質やデザインや色遣いなどは一級品といえるのに、トータル・コーディネートができないのである。その原因は、商品を売る立場の人、作る立場の人が、お客がその商品を購入した後に一緒に使うもののことを、一切考えていないことにある。

その結果、実際にお客がその商品を買って使うとき、その回りのものとは何の統一感もなく、ちぐはぐとなる。一つだけなら優れた商品なのに、それらが集まると逆にまったくお粗末な非文明的状況に転落してしまうのである。

たとえば、ゴブラン織り風の荘重なカーテンのかかった部屋に、カラフルな原色と白色を取り合わせた幾何学模様のテーブルクロスの組合せでは、まったくぶざまである。

ゴブラン織り風のカーテンも、カラフルなテーブルクロスも、それぞれ立派な商品なのだが、両者は全然調和しないのである。ところが、それらを選んで買ったのはお客の勝手であり、売る側には何の責任もない、というわけらしい。

これでは、苦労して開発した商品も、せっかく仕入れた商品も、その使用価値が下がってしまうわけで、これを見過ごしていることにほかならない。

お客にしても、その売場では気に入って買ったものの、使い始めてみれば少しも楽しくないことに、遅かれ早かれ気づくことになる。その結果、店は信用をなくすことになるのである。

ところがその点、欧米のチェーンでは、お客がこういった間違いをおかさないように、どんなお客にもわが社の商品の良さを最大限享受してもらえるように、初めから工夫をしている。

同時に使うものは機能だけでなく、材質、スタイル、色、柄がコーディネートするよう、商品をトータルで企画して商品開発や仕入れを行なう。売場ではどんなお客にも一目で組合せ方がわかるように、トータル・コーディネート・プレゼンテーションの技術を駆使しているのである。

売場で生活提案

たとえばGMSやDSのバスルーム用品の売場なら、一つのバスルームで同時に使うはずの、すべての品種がコーディネートして一つの売場に並んでいる。それぞれ材質、スタイル、色、柄が美しく調和するように、あらかじめ計画して作られた商品群である。

当然、バスタオル、床マット、シャワーカーテンといった品種分類ではなくて、コーディネートのグループごとに売場を構成している。

クラシックなスタイルのバラの花がモチーフになったバスルームのコーディネーション、モダンな縞柄のコーディネーション、コンテンポラリーなスタイルのアースカラーで統一されたコーディネーションといったように、好みの色と柄の商品群の中から必要なものを選ぶだけで、ひとりでに美しく調和のとれたバスルームができあがるのだ。

　婦人衣料でいうなら、日本ではどこでも見かけるブラウス売場、スカート売場といった分類は、アメリカには存在しない。ブラウスはキャリア・クロージングの売場にもあるし、スポーツウエアの売場にもある。

　同じスポーツウエアの売場内でも、原色を使ったシンプルなスタイルの活発な感じがするルックとか、パステルカラーがやさしいクラシックなルックの商品群、というふうに分類される。

　だからジーンズの隣には、レース飾りのついたデシンのブラウスではなくて、チェックのフランネルのシャツやポロシャツが配置されている。

　それは分類の単位が、同時に使うと調和した組合せになってすばらしく見える、つまりコーディネートする商品群なのである。

　コーディネートした商品群は、売場でお客の目を即座にとらえる。美しく見え、目立つからである。そしてお客は、そのすばらしさに感動して、自分も使ってみたいと考える。

　店側も、お客にその調和した美しさが一目でわかるように、さらに同じ売場に陳列されている同一商品群の中から選んだ、さまざまな品種を組み合わせてプレゼンテーションする。

それは、遠くから見渡せる壁面だったり、来店客のだれもが必ず通過する主通路沿いの目立つ位置だったり、磁石売場のマネキンだったりである。が、必ず商品そのものの優れた特徴に加え、品種間のコーディネーションを主張しているものだ。

一方、こうしたプレゼンテーションの手法は、商品のコーディネートした使い方をお客に教えている。言い換えれば、「生活提案」をしているのである。

統一すると調和する

そこで、どうしたらだれにでも一目でわかるコーディネーションを提案できるのか、という問題になる。

その秘訣は、それぞれの商品のある一定の要素を統一することにある。いちばんわかりやすいのは、「色」である。これなら、一瞬で見分けることができる。形がはっきり見分けられない人は多いものだし、そういうことに興味のない人も少なくないが、色彩に対しては、だれもが同じように即座に反応するものだ。

当然、そこに使う色数は少ないほうがわかりやすいわけだが、だからといって全部を同じ色に統一してしまっては、みんな同じに見えてしまう。品種の組合せを変えてみても、色そのものの印象が強烈だからだ。

たとえばAさんが黄色のセーターを着て、それと同色のスカートを組み合わせたとする。そこにBさんが、同じ黄色のシャツとショートパンツを身につけて現われたら、二人はまったくお揃いの服装をしているように見えるだろう。

逆に、色数が多すぎてもわかりにくいものだ。共通の色を、つまり共通の要素を探し出すのに手間取ってしまう。だから、一目で美しいと判断できないのである。

そこで一般にいわれているのは、一つのコーディネート商品群に使用する色は無彩色、すなわち黒、グレー、白色を除いて、三色以内に限ることだ。たくさんの色が使われていても主要な色、言い換えれば商品に付加された多くの色のうち、面積が広く見える色は、三色以内に抑えることである。色相(色の種類)さえ同じなら、その濃淡は数に入れなくてよい。

その場合いくら品目が多くても、先のルールで使っている色を統一すれば、同じグループに属する商品であることが認識できる。その結果、美しく調和して見えるのである。

日本の店でしばしば見かける最も多い間違いは、色相が微妙に似通った色を同色のつもりで一緒に陳列していることだ。

たとえば赤色と一言でいっても、色相の輪を黄色側に偏った赤色と、逆に青色側に偏った赤色とでは、その総称は同じ赤色でもまったく別の色なのだ。それを無視して黄色系の赤色のドレスに青みがかった赤色の靴を履いても、調和しっこないのである。

もちろん、こんな場合でもやりようはある。この二つの赤色を、別々の色として扱うのである。そして異なる色のドレスと靴を関連づけるためには、両方の色が含まれたスカーフを加えるなどの対策を講じる。

こうして同じ色が、商品の一つひとつを関連づけ、大多数の人々に感動を与えるトータル・コーディネーションを完成させるのである。

共通のデザイン要素

ディスカウント・ストア・チェーンのターゲット（Target）の子供服は、かわいらしいことで定評がある。たった一二ドルの上下セットの幼児服なのだが、子供のいない人までが、贈る相手はあとから考えればいいからとにかく買いたい、と思うくらいかわいらしいのだ。

その商品が人々に感動を与える理由は、その上下セットがコーディネートしているからにほかならない。その白いジャケットのフードの縁と袖口に、赤と青色のラインが縫い付けてある。胸には同じ赤と青色の入った、熊のエンブレムがあしらってある。パンツはジャケットの飾りと同色の、赤色なのである。

色を統一しなくても、調和のとれた組合せをすることは可能である。デザイナーやスタイリストが技巧と時間を費やしたフランスのファッション雑誌を見れば、そのことがよくわかる。その場合も必ず、スタイルや使っている色の明度や彩度、素材に、共通の要素があるものなのだ。

しかしこれでは、「だれもが一目でわかる」とは限らない。大衆をターゲットにしたチェーンストアの商品の条件として、「どんな人にでも即座に理解できる」ということが、最も大切な課題なのである。

統一の次は変化の問題だ。コーディネーションのための色のルールとは逆に、魅力的な商品群を構成するには、素材と柄とを変化させる必要がある。

二人のお客が、同じ商品ラインからそれぞれ自分の好きな組合せを選んだとき、その二人のルックがガラッと違って見えることが理想である。色数を限っても、素材と柄の種類が豊富なら、組み合わせたときのルックは多様になる。

ある年の秋ものとして、アパレル・スペシャルティ・ストア・チェーンのリミテッドのPBラインの一つに、赤ワイン色とブルーグレーの濃淡と白・黒色を基調色にしたものがあった。

その組合せ方は、次のようであった。細かいチェックの厚手木綿のパンツと、蔓草模様のレーヨンのスカートとシャツ・ブラウス、ポリエステルと綿との混紡のジャージのプールオーバー、ストライプが織り出されたソフトなジャージのトップ、薄手木綿にレースの襟付きのブラウス、ウールニットのベスト、レミと綿の混紡のカーディガン。

このように、それぞれ異なる柄、素材、風合を特徴としていたのである。

商品の色を制限し、かつ統一することで、だれにでも簡単に調和のとれた組合せが選べるようにする。同時に、バラエティに富んだ柄と素材と風合とで、ルックの変化が楽しめるのだ。

同一のコーディネート商品群のスタイルがそのライン内の商品なら、どれとどれをとってもコーディネートするように計画してあることも、これからの重要な商品開発のポイントなのである。

コーディネートの技術

こうして素材や風合の豊富さを追求すると、色を統一することの困難さが浮上する。このことの必要性を感じていない人がほとんどだが、たとえ肝心であることを理解したとしても、実現するのは不可能に近いことだと一般には信じられている。

しかしアメリカでは、高級店に限らずディスカウント・ストアの商品でも、そしてもっと価格レンジの低いバラエティ・ストアのものでも、このことは実現されている。しかも品種によって産地国が異なっても、同じ色はまったく同じにすることが、不可欠の条件になっている。

彼らができることなのに、われわれ日本人ができないはずはない。そのための技術と、それを習得する努力が不足しているだけである。

その上、ホーム・ファニシング関連商品のように、値が張るためにお客が一度にではなくて、徐々に買い足していく（インプルーブメント）性質の商品の色は、数年間継続して品揃えしなければならない。だから店側は、異なる素材、異なる風合のものでも、毎年同じ色に仕上げなければならない。これも、日本の業界常識では考えられないことに違いない。しかし欧米のチェーンはそれをやっているのである。

最後に売価の問題がある。前述のようにコーディネーションの提案をするためには、わが社が開発した美しく調和した商品は、組み合わせて使ってもらわないと、その商品の価値が半減する。

その中から一品目だけ取り上げて使ってもらっても、より良い生活提案は味わえないからだ。そこで、複数の商品を買ってもらうためには、とにかく売価が安くなければならないのである。

6　レベルの統一へ

プロ用と家庭用

チェーンとして最も古いフォーマットの一つであるゼネラル・マーチャンダイズ・ストア（GMS）は、長年の間にさまざまな商品部門間のレベルに、ギャップが拡大していた。チェーン業界の代表という自負心が大きかったために、その欠陥にまったく気づかずに改善が行なわれなかったのだ。

そのために、ディスカウント・ストア（DS）やスペシャルティ・スーパーストアなど、後から後から生まれてくる新しいフォーマット勢力の攻撃に、対抗できなくなっていたのである。

その最大原因は、生活者の求める「便利さ」の内容が、一九八〇年代から大きく変化したことにある。七〇年代までの店は、便利な立地に割安な商品が多部門豊富に揃ってさえいればよいとされていた。ところが八〇年代に入ってからは、働く女性の急増から、これまで以上に「ショートタイム・ショッピング」と、その枠内での楽しい買物が求められるようになったのである。

新しい「専門化」と「総合化」の二極を同時にめざす経営戦略の始まりである。話を元にもどして、ここで問題になっている部門間のレベルの統一とはどんなものなのかを、具体的に説明しよう。

第一に、用途（TPOS）の統一が挙げられる。本来のGMSがターゲットとした客層は、国民の大多数を占める普通の人々であり、そこで扱う商品の大部分は普通の家庭で日常的に使われるものであった。

ところがシアーズは長年の間、自社のプライベート・ブランド（ＰＢ）の堅固な品質を誇示するあまり、普通のお客が求めるものが変化したことに気づかずにいたのである。

たとえば同社の「クラフトマン」は工具のＰＢだが、丈夫なことにかけては全米のプロの大工がこれを愛用しているくらいだから、折紙つきである。かつてアメリカでは、農家はもちろんのこと、サラリーマン家庭の夫も主婦も、けっこういろいろな大工仕事をしたものである。ところが、主婦が外に働きに出るようになると、主婦だけでなく夫のほうも日常が忙しくなる。家事を分担することになるからだ。

そこで、ある家では報酬を払って人に頼むようになる。家計にもゆとりがあるからそれが可能になるのだが、次第に一般家庭でも、本格的な大工仕事をみずからはしなくなってしまったのである。

そこで一般家庭に必要な金槌は、壁に釘を打つくらいのことなら、素人には扱いにくいプロ用の「クラフトマン」より、ＤＳの安物のほうが使いやすいものになってしまった。低水準の作業でしかも年に何回も使わないから、安物でもいっこうにさしつかえないためである。

シアーズの店では、シーツや下着、収納用品といった、普通の家庭でだれもが頻繁に使う日常用品と、ある種の職業をもつ人か、趣味に徹している人でないかぎり必要としない特殊な商品が、同じ店内に同居していたのである。

ショートタイム・ショッピング

このような用途レベルの不統一を是正するために、シアーズがようやく遅まきながら採った対策は、

① プロ用に限定された商品をハードウエアの売場から削除して、普通の人々向けのハードウエアを豊富に品揃えすること

② 伝統的に定評のあるプロ用商品は、従来のシアーズのハードウエア売場だけを切り取った形で、別に新設したハードウエア専門大店か大商圏店でのみ扱う

ということである。普通のお客は、シアーズ社のPBの動物やおもちゃの絵のかわいらしい赤ちゃん用の壁紙を買ったついでに、それを貼るのに必要な程度の、簡便なハードウエアを買い揃えることができるようになったのだ。

一九八〇年代には、お客はシアーズの帰りにウォルマート（DS第一位）に立ち寄ってハードウエアを買い求めたものだが、当時をふり返ってみればシアーズの店は、実に不便な店だったのである。

これとは逆に、シアーズのハードウエア専門大店という新型店は、プロまたは頑

丈なハードウエアを必要とする人々が来店しやすい立地に作られた中型SCに出店している。こうした人々の需要は目的買いが主力だから、玄人にとって便利な立地のうえに、よけいな売場を通らずにすむという魅力が生まれるのである。

どちらの場合も重要なポイントは、ショートタイム・ショッピングの実現である。いまや、これなしでは競争に勝てないのである。

購買頻度の違い

次に、ペニーの例を見てみよう。

ペニーは歴史的に、ファッション商品をポピュラー・プライスで提供することで、定評がある。アパレルに強い店なのだ。

ところが競争相手のシアーズに対抗する意味で、一九六〇年代から徐々にハード部門にも手を染めていき、大型家電までを扱うようになった。

七〇年代までは、ベビーブーマースの新婚家庭用の需要が拡大していたからまだよかったのだが、八〇年代に入ってからはそのブームは過去のものとなり、一挙にハード部門が企業全体の業績悪化の原因であることが表面化した。

そこでペニーはハード部門を廃止する決断を下すわけだが、ここでも商品部門間のレベル不統一が浮上していたのである。

ペニーのお客は一般にセーターや寝間着、タオルやシーツを求めて来店する。それらは、だれもが毎日使うものだから購買頻度の高い商品である。セーターにしても季節が変わるつど、新しいファッションのものがほしくなるから、寝間着ほどではないが洗濯機と比較したらはるかに購買頻度は高いといえる。

しかしタオルを買いに来たお客が、ついでに洗濯機を買っていくことはありえない。洗濯機を買うつもりなら、それは目的買いになるのであって、それも一〇年に一度といった購買頻度であろう。

この場合ペニーのレベル不統一は、「来店頻度」についてである。ちなみにその後、ハードに強いシアーズでも来店頻度レベル問題が表面化し、家電売場は衣料やホームファッションとは異なるフロアに売場を設け、目的買いのお客のために専用の出入口を配置しているのである。アメリカのリージョナル（大型）・ショッピング・センターは二階や地下売場からでも駐車場に出られるように、盛り土や掘り下げがしてあるのが常である。

一九八四年、ハード部門から撤退したのちのペニーは、空いた売場を得意の衣料品の充実で埋めることを考えた。ファッションのペニーを、より強く打ち出そうというものだ。そして新たに、百貨店で扱っているナショナル・ブランドと、有名デザイナー・ブランドまでも品揃えに加えたのである。

当時はナショナル・ブランドやデザイナーの名が、ショーウインドーや主通路沿いに、にぎにぎしく並んだものである。「百貨店の高級商品が、わが社でなら二～三割引きで買うことができる」というのが、謳い文句だったのだ。

ところがペニーの本来の品揃えは、ポピュラー・プライスの商品である。だれもが気軽に買える価格で、ホット・ファッションの〝ふだん着〟を提供し続けていることで定評のある店なのだ。ブラウスなら一八～二二ドル、セーターなら二四～三〇ドル、パンツなら二八～三二ドル、といったところが値頃であった。

そこに高額品が入り込んだのである。二二ドルのブラウスの隣合せの売場には、六八ドルのデザイナー・ブランドのブラウスが並ぶようになった。この場合、確かにお買得だった。百貨店では、同じようなブラウスが八〇ドルだったのだから。

しかしペニーにブラウスを買いに来るお客のほとんどは、毎日仕事に出かけるとき、または家事をするときに気軽に着て、汚して、着替える、ふだん着を買いに来るのである。

PTAのランチ・オンや、取引先とのミーティングの時にスーツの下に着るブラウスといった、特別の機会に着る、よそ行きを買いにくるのではない。

売価の違い

こうした用途（TPOS）の問題だけでなく、購買頻度を取り上げたとしても、同じブラウスでもふだん着とよそ行きとではまったく違っている。ふだん着なら、季節ごとになんらかの新しい商品を新調することになるが、値の張るよそ行きとなると着る機会も少ないし、当然に購買頻度は低くなるものだ。

お客の立場からいうと、高額でしかもめったに買わないものを選ぶとなると、当然、できるだけたくさんの商品のなかから選びたいものだ。母親や友人と待ち合わせて品選びを手伝ってもらうという、特別な買物の機会ともなる。

それなら、少しは安くてもいつもふだん着を買うペニーではなくて、高額品が豊富に揃っている百貨店を買い回ったほうがいいことになってしまったのだ。

それとは逆に、ふだん着のブラウスを買いに来たお客にとっても、このペニーの高額品導入策はありがたくないものであった。なぜならそのお客は、綿とポリエステルの混紡の洗濯のきく二十ドル前後のブラウスを買いに来たのに、その売場に到達する前に、主通路沿いの高価なシルクのブラウスを見せられたので、自分がいかにも安物を買うようで、いやな気がしたのである。

その結果、迷いが生じ、買物に時間がかかり、しかもその時間は苦痛でしかなくなったのである。この場合ペニーは、先に挙げた用途（ＴＰＯＳ）と来店頻度のレベル不統一を生じただけではなく、価格帯の不統一も生じてしまったのである。

この三つのレベルは深いつながりをもって、二倍、三倍の不協和音を醸し出すのである。

その結果は惨憺たるものであった。稼いでいるのは一スタイル数十万～数百万着ベースで商品開発された、同社のポピュラー・プライスのPBばかりであったのだ。現在では高額ブランド・ラインを次々に入れ替えているが、成功しているとは言いがたい。そのため同社の成長はストップし、業績は悪化に転じた。

ライン・ロビング

商品レベルの統一問題に取り組んだのは、シアーズとペニーだけではない。当時GMS第三位のワード（Montgomery Ward）も同じであった。

ワードのやり方は最も徹底していた。それぞれ六〇～一八〇坪の核売場、つまり強力な商品部門だけを残して、そうでない部門はすべて廃止し、残した部門については、商品のレベル統一ができる品揃えに限定した。

そして立地ごとの競争関係に応じて核売場の組合せを変えていく、という作戦である。一つか二つの核売場だけで、ショッピング・センター（SC）に出店することもあった。

ワードはこれらの核売場のそれぞれがスペシャルティ・ストアとしても成立するように、売場をそれぞれ店名のように命名し、その総合体として出店する新経営戦略を「店の中の店（a store within a store）」作戦と呼んだ。

外装にも、Specialty Storeと看板を出している。同社のこの新経営戦略を真似て、シアーズも新総合化作戦を採用するに至った。

このように他社と競争して勝てる商品群のみを組み合わせて店づくりをすることを、「ライン・ロビング」という。強力な商品だけを残し、さらに、もっと強力な商品を増やすことである。これこそチェーンストア産業が追究してきた、真の総合化である。

限られた商品部門しか扱っていない店より、複数の商品部門を扱っている総合店のほうが、お客にとってずっと便利である。そこでGMSは、過去半世紀にわたって徐々に扱い部門を増やし、総合店となった。

しかし商品部門間にレベルの統一がなかったために、単なる自然発生的な商店街やノミの市と同じ状態に、いつのまにか陥っていたのである。

GMSのお客は、この数十年間にわたり、用もない売場をさんざん歩かされていた。一見品揃えが豊富に見えながら、一人ひとりのお客の立場から見ると、実際には比較購買のできない品揃えだったのである。

総合店はお客にとって、
① 便利で
② 品揃えが豊富で
③ コーディネートした買物ができる

④　楽しい店

でなければならない。そのうえに、ショートタイム・ショッピングと楽しい買物の実現が成立するのである。商品レベルの統一があればこそ、それが可能なのである。

その結果として、

①　ストア・ロイヤルティの飛躍的な向上

②　売場販売効率の漸増

③　競争力の上昇

を企業にもたらすのである。

日本でも、最大手筋の日本型スーパーストアやホーム・センターのグループに、まったく同様な商品レベル不統一問題が起こっている。その重大な事実に気づいていない人が多いのではないだろうか。

（前述のワードについては、スペシャルティ・ストア作戦は成功したものの、古いＲＳＣに出店している店舗の改廃策が遅れたことと、家電部門が他社との競争に負けたことで業績不振に陥り、一九九七年七月に会社更生法適用の申請を行ない、二〇〇一年三月、全店を閉店し、解散に至った）

2

新しい売場分類の考え方

1　TPOS分類とは

売場の商品は、生活者がどのように使うかという、使い方によって大きく分けられる。つまりTPOS（Time, Place, Occasion, Life Style の略。時、所、動機、ライフスタイル）ごとに分類するのが、アメリカのチェーンストアの常識である。

彼らの売場構成計画は、そこから出発する。そうすることによって、お客は一目で、その店や売場になら、自分の求めている品があるはずだ、とわかるのである。

たとえばカメラの場合なら、家族の写真を撮ることを目的とするお客が求めるカメラと、仕事用に建築物を撮ることを目的とするお客が求めるカメラとでは、当然要求する品質が違ってくる。

前者なら操作が簡単な、コンパクト・カメラでなければならない。奥さんが使うときもあるだろうし、子供が遠足に持っていくことも考えられるからだ。そのうえすばらしいできばえでないにしても、家族のだれが写しても、そこそこの、同じ結果が得られるようなカメラであるべきだ。

ところが後者なら、写真の微妙なできばえが問題になる。その機械の操作を習得するのに時間がかかったとしても、どんな状況でも最高の結果を生み出すために必要な機能がすべて内蔵されていることが条件となる。

もしもカメラ売場に、この前者のコンパクト・カメラと後者のフル装備のものとが入り混じって陳列されていたら、お客は自分のほしい品を見つけ出すのに、売場にある商品を片っ端から見ていかなければならない。

そうでなければ、店員をつかまえて質問しなければならなくなる。入り混じっていないにしても、お客が一目見ただけで求める商品があるのに気がつくのでないかぎり、同じことだ。このやり方は買う立場にとっては、このうえなく不親切なのである。

たいていのお客は、商品や店員を探し回ることなどに努力したくない。それでもそうするのは、やむをえない場合に限られる。そうでないときには、買うのをあきらめるか、他のもっと便利な店を買い回ることになるだけである。

そこでコンパクト・カメラとフル装備のものと、そして、もっとほかの用途のカメラの売場が、区別してあったらどうだろうか。お客が一目見ただけでわかりやすい売場表示がしてあったら、どうだろうか。お客は迷わずたちどころに、目的の商品を見つけることができるはずだ。

今すぐ必要でなくても、こんなものがあれば便利ではないかと、なんとなく興味をもっていただけのお客でさえ、それが目につけば手にとって見たくなるものだ。

そこから購買につながっていくのである。

それだけではなく、このように分類することで、TPOS別にたくさんの品種が存在するのをお客に示すことができる。目的ごとにそれに適した、最も便利な商品があることを、お客に知らせることができるのだ。加えて、組合せ購入が期待できるから店側にとっても有利である。

たとえば、子供の遠足用の水筒を買いにきたお客が、TPOS分類されたピクニック用品売場にきたとする。ほかにも、使い捨てのべんとう箱など遠足用に便利な品がたくさん同じ売場に置いてあるから、水筒と一緒に買って帰ることになる。お客にとっては便利に違いないからである。

広い客層、多い需要

日本の店によくある間違いは、商品を客層で分類することだ。客層を広げなければ客数は増えるはずがないのに、売場を、たとえば若者向きとか、女子大生向き、さらに特別なマインドの持ち主だとか、特殊なライフスタイルの人と、類型づけて細分化してしまう。

一九八〇年代の前半、日本のマスコミは、ファミリー・カジュアルウエアの専門店チェーンであるギャップ（The Gap）系のバナナ・リパブリック（Banana Republic）を「ライフスタイル店」のモデルと称してほめたたえたものだった（第1章1

節に先述）。

同社のコンセプトは、「自然を求めて旅する人」が身に着ける衣服や持ち物、さらにこれらの人々が好む特殊な旅行ガイドまで売っている、というものだった。衣服は、大草原やジャングルを旅するのに最適のサファリルック。旅行ガイドは、パリやローマの名所旧跡のガイドブックではなく、珍獣見物の方法や、南極旅行記、バード・ウォッチングの要領、といった内容だ。

これも、確かにTPOS分類の一つである。しかしここで考えなければならないのは、「自然を求めて旅すること」を主なライフスタイルにしている人がどのくらいいるのか、ということである。

一年に二、三回の旅行に行く人は多いはずだが、普通は学校の歴史や地理、あるいは美術の時間に学んだことのある名所旧跡を、まず旅先として優先的に選択するはずだ。パリやローマに行ったことがないのにガラパゴス諸島に行く人は、ほとんどいないのではないか。オーストラリアのブリスベンにあるサンクチュアリー（自然保護区）のコアラを見ないで、ヘロン島の海ガメの産卵を見に行く人は、これもほとんどいないに違いない。ものごとには常識的な順序があるのである。

さらに数少ない「自然を求めて旅すること」を生きがいにしている人も、毎日旅をしているわけではない。一年の大部分は普通に、たぶんYシャツにネクタイ姿か作業衣で働いて、たまの旅行を楽しんでいるのである。

だからかつてのバナナ・リパブリックは、ごく特殊なライフスタイルを愛好する、一部の客層で、しかもごく限られたTPOSを狙ったことになるのだ。このような客層の限定は、客数も店数も増やしにくい。

文明人ほど、より多くのTPOSを使い分けて生活している。そのなかのいくつかの、とくに頻度の高いTPOSをターゲットとするのが、チェーンストアのTPOS分類なのだ。だからその場合は、客数も増えていくことになる。

仕事用や自然動植物の撮影用にニコンの一眼レフを買った人でも、子供連れで遊園地に行くときにはキャノンのイクシーを持って行くほうが軽くて便利である。水遊び用には防水カメラも使う。この場合、同一人物が三種類のTPOSのためには、カメラについても用途の違う三種類の商品を必要とするのである。

旅行がテーマなら、八割の普通の人の旅行用商品を扱うべきだ。それが、企業規模拡大への道である。

客層分類をするならば、子供が使うもののすべて、赤ちゃんが使うもののすべてという大分類で、その条件をもつ八割以上の人に共通に必要なものを品揃えすべきなのである。

フォーマットの違いとは

アメリカのチェーンストアは、八割の人に共通で頻度の高いTPOSを狙ったのだが、このなかにはさまざまなフォーマット（業態類型）の店がある。店の、

① 立地
② 面積
③ 商品の価格帯
④ 商品の品質
⑤ 販売形式

などの要素の組合せ方で、フォーマットの区別が生まれてきたのである。

そのため各フォーマットごとに扱う商品部門や品種が、少しずつ他と重なり合っている。このために日本の業種別に分かれた店からすると、互いに類似しているように見える。けれども実際は、それぞれのフォーマットごとに独特な品揃えの特徴をつくりあげているのだ。

その特徴とは、お客がその店に買物に訪れる動機と、その商品を使う目的である。これを、お客のTPOSごとに適合した品揃えをしているというのである。つまり、アメリカのチェーンストアが業種ではなくて業態類型（format）で区別されるといわれる理由である。

日本で考えられがちなように、貧富の差で買物する店が決まるのではない。

このTPOSの違いとは、たとえばオーバーオール・タイプの作業着は、ペンキ塗りや自動車修理など、衣服が汚れやすい仕事をするときには欠かせない作業着である。塗装工や自動車修理工なら、このオーバーオールを毎日着用する。

だから、丈夫さ一点張りの品質が必要となる。彼らは、「丈夫で長もちする作業着」のPBでは歴史的に定評のあるゼネラル・マーチャンダイズ・ストアのシアーズでそれを買うことになるだろう。

ところが、ここに自宅の内装を、三年ぶりに自分自身で休日を利用して、模様替えをしようという弁護士がいたとしよう。ペンキやパテの汚れを避けるために、オーバーオールを買うであろう。それは、ディスカウント・ストアチェーンのビッグスリー、ウォールマートかターゲットかKマートで買う。

この場合、塗装工はオーバーオールを毎日着る。そして毎日洗濯をする。だから、値段が高くても丈夫で長もちする商品を売る店を選ぶのである。

逆に弁護士は、収入は塗装工より多いはずだが、一回着たら次にいつ着るかわからないものだから、シアーズの半分以下の値段で買える、ディスカウント・ストアの商品を選んだのである。もっと安上がりにすまそうと思えば、DIY専門のホーム・センターには紙製の使い捨てオーバーオールも売っている。

本当にお金のない人なら、たとえ安価なものだとしても、わざわざ新しくオーバーオールを買わずに、ペンキがついたら捨ててもいいような使い古しのボロを着て、自宅のペンキ塗りをするだろう。しかしながら先の弁護士のように、安物でもプロの塗装工のようにオーバーオールを着てペンキ塗りをすれば、得意満面で上手に仕上がるような気分になる、というものである。

アメリカのチェーンストアでは、自分の選びたいＴＰＯＳごとに買うべき店と、そのＴＰＯＳにぴったりの細分化された品質と機能の商品を選べるのである。これこそ、楽しい生活といえる場面である。

売価の絞り込み

こうして商品をＴＰＯＳ分類すれば、その結果として必ずフォーマット別に、さらにその売場内の商品の売価の開きが小さくなるものだ。

ここが肝心のところである。

先のカメラの例でいえば、一〇万円以上するフル装備のカメラの売場は、ＴＰＯＳ分類では別になるから、コンパクト・カメラだけなら値段に大差があるはずがない。だからカメラを扱っているフォーマットのなかには、コンパクト・カメラしか置いていない店が多い。フル装備のものより、はるかに需要が多いからだ。

そうするとお客はなおさら気軽に、迷うことなく商品の購買決定ができるのだ。機能が違うのはわかっていても、すぐ隣に高価な立派なものがあると、自分が本当に必要なものはコンパクト・カメラなのに、つい安物を買うような後ろめたさを感じて、不安になってしまうものなのである。

服飾も、住居用品も、そして食品の場合も、まったく同じことである。

婦人衣料をTPOS分類するには、アクティブウエア（ホームウエア）、スポーツウエア（ブラウスやスカート、セーターなどのふだん着）、通勤着（ワーキングウエア）、よそ行き（ドレス、スーツなど）、インティメート、というふうに分ける。専門店の場合は、売場面積によって、このうち一つまたは二つに限って品揃えするのが、あるべき形である。

すると、たとえば値の張るビーズ刺繡入りのアンゴラ・ウールのセーターは、セーターではあるがふだん着ではなくて、よそ行きに分類されるべきである。シルクのブラウスも、よそ行きである。その結果、一つの売場分類内の売価の上限と下限の幅、つまりプライス・レンジは一挙に狭くなる。

次に、チェーンストアでは、一分類ごとの品目は少なくてよいとされている。機能別に、わが社がお客に自信をもって勧めることができるものだけを、組み合わせるのである。

日本では、品種ごとの品目数が、とにかく多すぎる。「お客の好みは多様化している」という謳い文句に躍らされて、売価も機能も似かよった、いろいろな品目を少量ずつ陳列するのは、お客を迷わせるだけで、かえって不親切である。バラエティは不可欠だが、品目の重複はシェルフ・パフォーマンス（棚効率）を下げるだけなのだ。

品揃えの条件

それより、売価と機能の違いが明確で、売る側でもその用途について納得のいく自信のある商品を、一品目だけ大量に陳列すべきである。売れ筋を追求すれば結果はそうなるはずだ。そしてそれぞれの特徴が一目でわかるように、商品をプレゼンテーションする。必要なら、ショーカードを付ける。そうすれば、お客はその売場で、間違いないと確信できる商品選択を、だれの助けも借りずにできるのである。

色数についても同じことがいえる。日本の店では、メーカーが製造しているすべての色違いを、片っ端から売場に並べることが常識になっているらしい。たとえば文具メーカーがある型のノートの色違いを五色製造していると、五色とも仕入れてしまうのである。

もともと、商品部側が売れ筋を見極めていないことがいけないのではあるが、これを解決しないと売場でプレゼンテーションの効果が上がらない。これによる第一の弊害は、一品大量陳列ができないことである。第二に、さまざまな色が氾濫した結果、売場全体がまことに濁って汚く見えてしまうことである。

商品管理の観点から見ると、たとえ五色あったとしても売行きの良い色と悪い色とが必ずある。それなら初めから販売実験で売行きを確かめてから、仕入れる色数を限定し、陳列量に格差をつけたほうが、選びやすさの実現と欠品による機会損失と死に筋の発生が防止できる。

アメリカではチェーンストアのみならず、非チェーンの百貨店でさえ色数は限定している。たとえば、メーカーがあるスタイルのドレスに七つの色違いを用意していたら、その中から一色か二色だけわが社のテイストに合ったもの、つまりわが店のイメージに合う、売れそうなものだけを選ぶのである。

商品を仕入れる側のテーマとして、商品の売場でのあるべきかたちは、一つのTPOSごとに、

① 同時に使う多い品種
② 狭いプライス・レンジ（売価の上限と下限の差）
③ 少ない品目数
④ 少ない色数
⑤ 多い陳列量

（③〜⑤：売れ筋のみ）

であることを、忘れてはならない。そうしてこそ、初めて商品が自己主張できるのである。

品種間コーディネーション

ＴＰＯＳ分類した商品グループは、その商品の種類によっては、ゴンドラ一台分だったり、二〇坪の売場を埋める量があったり、さまざまである。

いずれの場合でも、大分類が確定したら、その次は売場の中分類を決める番である。そのためには、こんどは分類ごとに同時に使うものをまとめていくのだ。品種のコーディネート化を図るためである。

たとえば婦人用のスポーツウエア（アメリカではふだん着のこと）売場なら、トップとボトムと重ね着するものをコーディネートする、つまり、色やスタイルがマッチして同時に着ることができるもの同士を売場でグルーピングして、プレゼンテーションするのである。

ルックごとにグルーピングするといったほうが、わかりやすいかもしれない。日本では、ブラウスはこちら、スカートはあちらというように、品種ごとに分類するという間違いをおかしている店が多い。

服装の場合は、実際に自分がその商品を身につけるときに、何と調和させたらよいのか、どう組み合わせればよく見えるのかが、お客にとって最も気になる問題だが、そのやり方では、問題点を解決することができないのだ。

この問題はアパレルに限らない。寝具や食器や、もっと別の商品でも同じことである。たとえば食器なら、まず、ふだん食事をするときに使うものというＴＰＯＳ

に分類される。その分類には、食器に限らず食事をするときに関係する、あらゆる品種が含まれる。

「ふだんの食事」の売場には、皿や茶碗などの陶磁器だけでなく、お椀や箸、しょうゆ差し、お盆、テーブルクロスなど、いろいろな品種が揃うはずである。かつては、陶磁器、塗り物、布帛製品というように素材分類されていた品々である。

そのなかでも鍋物をするときに食卓で使うもの、麺類を食べるときに使うものなど、いっしょに使うものを並べて配置する。それが、品種間コーディネーションの提案である。

それとは逆に、万能の食器という分類があってもよい。この場合、普通はほかの分類に入る商品が、「万能」という分類にも入れられるのである。液体を入れるものだけを集めたグループ、というのもよいだろう。

分類を決める際に考慮しなければならないポイントは、その分類が人目をひき、また使う側にとってわかりやすいボリュームになるのかどうかということである。細かく分けすぎて、客側から見ると何の分類なのかわからない、という事態が発生してはいけない。死に筋発生の原因になるからである。

その時の目安の一つが陳列器具の単位である。スーパー・スーパーマーケットならゴンドラ、衣料品ならTスタンドやパイプ・ラックなど、大小さまざまな陳列器具の容量を想定して、一分類で最低一台分は埋める分量になるように、分類方法を検討すべきなのである。

TPOS分類の品揃え

TPOS分類の品揃えを実現するには、

① そのつどその用途に使う消耗品
② そのつどその用途に使う道具
③ 時々その用途に使う消耗品
④ 時々その用途に使う道具
⑤ その道具に取り付けるもの（アタッチメント、装置）

の五つの品群が必要である。

日本の売場分類では、消耗品と道具とはまったく違う場所、多数フロアの場合にはフロアさえ変えて分類している店が少なくない。しかし、右記の五つの品群が同じ売場、つまり一直線上か、通路の両側関連売場にあれば、お客の品選びは楽になる。ショートタイム・ショッピングという、今、最も大事な便利さが実現されるのである。

しかもこれこそ、関連販売の決め手となるのである。同一目的のために使用する商品の複数買いは、接客会話で勧めるものではないのだ。同時に使う品種が一か所に集まっているから、説明されるまでもなく、お客には便利さがわかるのである。

さて、前記の①～⑤の品群のうち、最も購買頻度の高いものが消耗品である。使えばなくなるから、お客は補充のために頻繁に店に買いに来る。その売場に来れば、その消耗品を使う時に必要な道具が並んでいる。お客にしてみれば、同じ目的に使う品を買うために他の売場を探し回らなくてすむから便利である。

さらに、時々その用途に使う消耗品と道具、そしてアタッチメントも同じ売場に並んでいるから、お客は自然について買いをしてしまう。それまでその商品の存在を知らなかったり、忘れていたものに気がついて、結局は喜んで買ってくれるのだ。

お客が知らなかったまったく新しい商品があったとしても、同じ目的の売場にあるので、すぐに何に使うのか用途がわかるはずだ。店員に尋ねなくても、迷わずに品選びができる。これを使ったらきっと便利に違いないと思うから、想像が楽しく拡がっていく。そしてお客は、その店が豊富に品揃えしているとのイメージを強烈に抱くのである。

この品揃えの実例については、購買頻度の高いホーム・マーチャンダイジングを例に、次節において詳しく説明していくことになる。

ついで買いの楽しさ

お客は必ず、ある種の商品を目当てにして店にやってくる。そして、その目当ての商品を探すために売場を歩き回る。逆にいうと、目的がなければわざわざ店までやってこないし、用もない売場に入り込むことはしない。

だから、お客それぞれにとって、しょっちゅう買物に出かけている店なのに、立ち寄ったことのない売場がたくさんあることになる。そのお客にとって、店内でいつも買物する売場は決まっているのだ。店内の歩く通路と順番までが、決まってしまっている場合が多いのである。ここが大事な目のつけどころだ。

物が氾濫している今日では、どうしてもそれでなければならない商品は少ない。それがなければ生きられないというものは、ほとんど見当たらない。代用できる商品がたくさん売られているからだ。しかし多くの品は、あればより便利であり、あればより楽しいものである。

たとえば家庭でしゃぶしゃぶを食べるとき、ゴマだれを切らしていたとする。それでもポン酢があればしゃぶしゃぶは食べられるのだが、両方あったほうがもっとおいしく楽しく食べられる。あるいは、春菊を買い忘れたために、冷蔵庫の中に残っていたほうれん草で代用したとする。やはり春菊の香りのほうがしゃぶしゃぶには良く合うから、買い忘れたことを後悔する。

こうした買い忘れだけでなく、お客がその便利な商品の存在や価値を知らないまま、不便を不便とも知らず、楽しさを享受することがなくても、毎日は何気なく過ぎていく。

しかしそれらはすべて、店側にとっては機会損失といえるものなのである。どんなに便利な商品でもお客の目につき、手にとってもらわなければ、購買には結びつかない。使ってもらわなければ、その商品の優れた機能は永久にお客に理解されることはないのだ。

新聞広告やテレビCMに多額の資金を投入し、それがどんなにすばらしい広告作品だったとしても、売場で目にとまらなければ、大部分のお客はそれを探し回ってまで手に入れようとは決してしないのである。

店側としては、せっかくわが店に時間を費やして出かけてきてくれたお客に、万遍なく店内のより多くの通路を歩いてもらい、便利な品々の陳列を知ってもらったうえで、必要な品はすべてわが店で今日、買って帰ってもらいたいのだ。

だからこそ、入口と出口、主通路の設定、売場構成、磁石売場の配置、ゴンドラエンドの商品の変更、副通路のあり方などのテクニックを駆使して、お客が自分の意思で、気軽に、店内のできるだけ多くの売場に入り込んでくれるように、しむけるのである。これをチェーンストアでは、ワンウエイ・コントロール理論と呼ぶ。

表 2-1　アメリカのチェーンに学ぶ新しい分類例

	大分類	中分類	例外
A	掃　除	・室内の掃除一般 ・床の掃除 ・台所の掃除 ・家のまわりの掃除 ・風呂場の掃除 ・トイレの掃除 ・掃除機とその部品と消耗品	車の掃除 → カー用品売場 アウトドアの掃除 → ガーデン用品売場
B	キッチン用品	・調理 ・ベーキング ・冷蔵庫用 ・ガステーブル用 ・食事のあとかたづけ ・キッチンタオル ・ふきん ・キッチン用小型家電 ・ゴミ処理 ・収納	キッチンの掃除用品 → 掃除用品売場
C	食卓用品	・食器（和・洋・塗りもの） ・グラス，カップ ・食卓で使う小物 ・テーブルクロス，ランチョンマット ・食卓椅子座ぶとん、カバー ・子供用	ギフト用食器セット → ギフト用品のシーゾナル
D	衣類ケア	・押入れ用 ・万能小物整理用 ・ダンボール箱 ・プラスティック箱 （以上 収納） ・棚 ・ハンガー ・防虫・除湿剤 ・洗濯用品（アイロンも） ・つくろい用品（ミシンも）	洗濯洗剤 → 生活消耗品売場
E	ウインドウカバリング	・リビング用 ・ベッドルーム用 ・キッチン用 ・子供用 ・取り付け用具と部品	バスルーム用カーテン → バスルーム用品売場 ベッドルーム用の他の商品とのコーディネート →ベッドルーム用品売場
F	風呂用品	・洗い場用 ・タオル・マット類 ・洗面所用	シャンプー → HBA売場 風呂の掃除用品 → 掃除用品売場
G	ホームオフィス	・大人用文具・事務用品 ・各種事務書類フォーム ・収納 ・ハイテク機器とその関連	学童文具は別に独立

私生活で着るもの

しかし、それだけでは物理的条件づくりを整えたにすぎない。肝心なことは、商品である。その決め手が、アメリカのチェーンストアが行なっている売場のTPOS分類である（前ページ表2―1参照）。

お客がある一つのものが目的で売場を訪れたとき、目的のものと同時に使う便利な商品がいろいろ揃っているから、お客は買うつもりのなかった商品まで買って帰ることになる。そしてそれは、絶対に後悔を伴うむだな買物ではなく、使ってみれば必ず使いやすく楽しい商品であり、そしてその店は便利な、何度でも行きたくなる店となるのである。

2　ホーム関連部門のTPOS分類事例

A　インティメート・アパレル

身につけるもののなかでも、下着や寝間着、室内着は、支出の優先順位では最後になるのが常である。他人の注目を浴びる外衣には、だれも彼も優先的に予算を回すわけだが、インティメート・アパレル、つまり下着または家のなかで個人生活だけに関係する衣料は、後回しにされるものであった。

だから、インティメート・アパレルにまで支出が可能になるためには、経済的にも文化的にも消費パターンが〝成熟〟していることが条件となる。逆に発展途上国を回ってみると、そこで売られているインティメート・アパレルは、コモディティ・グッズに属する、ごく狭い範囲の品種の〝下着〟だけである。

日本でも一九五〇年代までは、同じようなものだったのであろう。日本では昔から、寝間着は使い古しのゆかたと決まっていた。つまり他人に見せるわけでなく寝るだけのために新しくパジャマを購入することは、当時考えられなかったのだ。

家事をするときに着ていて楽で、しかも動きやすい、それだけの目的のホームウエアという衣服を、かつては新調しようとはしなかった。動きにくくても、見ばえが良くなくても、家のなかのことだから、人に見られないからという理由で、お古で我慢する。当時はたとえ店でホームウエアを売っていたとしても、一般の消費者にはそれに支出するだけの経済的な余裕がなかったのである。

下着の種類だけは、現在の日本の店でもその当時に比べてはるかに豊富である。かつてはなかった新しい用途の品や、素材の違い、機能の違い、色柄の違いなどが爆発的に増加している。

また、発熱効果のある新機能の肌着などが二十一世紀になって開発された。

しかし、アメリカのチェーンには、もっとたくさんの、便利でファッショナブルな下着が揃っている。それに加えて、日本のどの店にも売っていないホームウエアが、どっさり並べられているのである。

日本でも女性の社会進出に伴い、家計の収入が増加し、外衣だけでなくインティメート・アパレルにも支出することが可能になった。しかしそれよりも大きな要因として注目すべきことは、人口統計上圧倒的多数を占めるベビーブーマース（団塊の世代）が、いまや熟年期の六十歳代に到達したことだ。

彼らはキャリアを増すごとに収入も増え、家のローンを支払ってもなお家計にゆとりが生じるまでになった。そこで彼らは、今までありあわせのものですませていた家庭生活を心地良く改善すべく、ファッショナブルなインティメート・アパレルとホームウエアを求めるにいたったのである。

下着は機能重視

ここでブラジャーを例に挙げてみよう。乳房をきっちりサポートするワイヤー入りのもの。乳房を楽に支えるだけのワイヤレスのもの。激しい動きを許容するための、アンダーバストにマチ入りのもの。ドゥ・スポーツ用のストレッチ・タイプ。ジュニアの初心者用。全体をはずさなくても胸の部分が開閉可能な授乳用のもの。胸を大きく見せる効果のある、平たいワイヤー入りのものやパッド入りのプッシュ・アップ型などが、日本では売られている。

けれども、アメリカならさらに次のようなものもある。カップが伸縮する生地だから皮膚に密着して楽なもの。家庭でのくつろぎ用に、ホックのない柔らかい仕立てのもの。大きすぎる乳房を小さく見せるためのミニマイザー。セクシーな雰囲気を醸し出すことを目的とした鑑賞用、外衣の補正用に肩パッドが装着されたもの。乳ガンの手術をした人のために、乳房があるように見せるもの。老年者用の、着脱が簡単なものなどである。

つまり、あらゆる用途を想定した商品が売り出されているのだ。そこに、素材、色、柄、デザインのバラエティが加わり、さらに機能の違う品種が増える。

たとえば、同じワイヤー入りのものでも、ポリエステルや綿のジャージで作られたものなら、ふだん用である。しかし、それがナイロンレースなら特別な機会用である。前者は洗濯に強く、長時間の着用に心地良いから毎日の生活用。後者ならエレガントで美しいが、何度も洗うとヨレヨレになるし、着け心地はジャージにかなわないから、おしゃれ用となる。

色に関しても、黒いドレスからはみ出ても目立たないような同色の黒いブラジャー。ファッションカラーのプリントのブラジャーは、毎日同じでつまらない会社の制服の下で、気分を盛り立ててくれる。また、透けて見えそうな薄物の服には、肌色に近いピーチ、ピンク、ベージュの無地のものなどが合う。

一九五〇年代までは、アメリカでも、白い綿ブロードの一定の型のブラジャーしか売っていなかったといっても、今の若い世代の人々は信じてくれないだろう。

さらに、ニットのアウトウエアには縫い目のないシームレスカップを。胸が深く開いた服には、ブラジャーもローカットのデザインのデミカップ、そしてストラップ（肩紐）は肩寄りについているものを。逆に、袖なしの服にはストラップが体の中央寄りの後ろがV型ストラップのレースバックを。夏のタンクトップやサンドレスには、ストラップレスのものが便利である。

豊富なサイズ

加えて、サイズも豊富である。だれにでも、自分にフィットするものがあるのだ。普通サイズでも、カップのサイズがA〜Eまで五種類もある。胸回りの寸法は六種類である。さらに総合店やレーン・ブライアント（Lane Bryant）のような大型サイズの専門店には、その上のサイズが四種類も揃っている。

こうして消費経済が成熟すればするほど、品種はＴＰＯＳで細分化されていく。お客にとっては、そのほうが便利だからだ。

かつてはあり合わせのもので代用していたのが、お客のニーズに合わせてどんどん新しい用途の商品が商品化されていく。それが、アメリカの消費をリードするチ

表2-2　インティメート・アパレルのTPOS別分類

大分類	中分類	小分類	品種
インティメート・アパレル	・アンダーウエア	・パンティー （ショーツ）	・クラシック・ブリーフ （ウエストまで） ・クラシック・ハイレグブリーフ ・ヒップハガー（腰骨まで） （三枚一組 綿、ナイロン） ・ファッション・ブリーフ ・　〃　ハイレグブリーフ ・　〃　ヒップハガー ・ビキニ ・ストレートレッグ（足の付け根を締め付けない） ・フレアレッグ（　〃　） ・Gストリングス （Tバック）
		・キャミソール ・アンダーシャツ ・ボディースーツ ・テディ ・スリップ ・ハーフスリップ ・パンツライナー	
	・ファンデーション	・ブラジャー	・ソフトカップ ・シームレスカップ ・デミカップ ・アンダーワイヤー ・フロントホック ・パッド入り ・ブッシュ・アップ ・ミニマイザー （胸を小さく見せる） ・フルフィギュアー （太った人用） ・ブラレット（くつろぎ用） ・ストラップレス（肩紐なし） ・レースバック （スリーブレス用） ・肩パッド付ブラレット ・ドゥ・スポーツ用 ・初心者用 ・パンティーとのコーディネート・セット ・ロングライン ・スペシャル・オケージョン用 （特別なおしゃれ用） 〈授乳用はマタニティー売場〉
		・ガードル ・ボディーブリーファー ・ヒップスリミング・ブリーフ （ミニスカート用の線の出ないガードル） ・パンツライナー （スラックス用ガードル） ・トルソレット （フォーマルドレス用）	
	・スリープウエア ・ローブ ・ラウンジウエア ・ブレックファーストコート		

ェーンストアの商品開発の真髄である。

ビクトリアズ・シークレット（Victorias Secret――リミテッド系）のカタログを見て、男性の鑑賞用のセクシーなインティメート・アパレルを売る店だと思い込んでいる人が日本には少なくないが、実はそうではない。大人の女性の大多数が、毎日必ず必要とする便利な品種を、華麗に演出したファッショナブルなプライベート・ブランド商品として開発し、だれもが無理せずに買うことのできるロアー・モデレート・プライスで提供している、アメリカの女性にとって、なんともありがたく楽しい店なのである。

ビクトリアズ・シークレットの店数は一、一〇〇店、主なリージョナル・ショッピング・センター（大型）には必ず出店している。わずか四店の支店経営の店をリミテッドが買収したのは一九八二年のことだから、あっという間の快進撃である。

売場は約一二〇坪。バス&ボディワークスという、バス・トイレタリー用品だけの専門店を、従来のインティメート・アパレル店に隣接出店したり、同じショッピング・センターの別テナントとして出店するケースもある。今日ではグループの稼ぎ頭である。

新マーケット開拓

今やショッピング・センターに出かけたお客にとって、ビクトリアズ・シークレットは、必ずのぞいてみる、そして何かファッショナブルで便利な品を買って帰る、ディスティネーション（目的地）・ストアの一つにもなっているのである。

そもそもインティメート・アパレルは、すべての人々にとってエブリデイ・グッズなのである。下着も寝間着も、バスローブもラウンジウエアも、そしてホームウエアも、だれもが毎日使い続けるものである。

裸で寝る習慣の人以外は、だれもが毎日寝間着を着る。スーツやドレスを着ない日があっても、寝間着を着ない日はない。さらに、ショーツをはかない日は絶対にない。つまり、使用頻度最高の商品なのである。だから、便利で美しく、しかも割安な商品があれば、だれもが飛びつくというものだ。

かつて、ビクトリアズ・シークレットが店数を増やす以前、アメリカの女性たちはインティメート・アパレルを、GMSのシアーズやペニーで買っていた。この二社の占拠率は他社をはるかに引き離し、ダントツだった。便利で丈夫で割安だからだ。いまだに機能重視の商品分野では、この二社は高い占拠率を誇っている。

しかし、これらの商品はファッション性という点で、百貨店の高級ナショナル・ブランドにはかなわない。もちろん値段は数倍にも及ぶのだから、比べるほうが無理である。

そこで、お客はふだん用にシアーズやペニーの商品を使い、特別のおしゃれ用を百貨店の特別セールを狙って買い求めた。通常の売価ではとても手が出ないからだ。ビクトリアズ・シークレットは、百貨店の商品と同じように、いや、よりファッショナブルな商品を、百貨店のベター・プライスやモデレート・プライスよりも安く、そしてシアーズやペニーのアッパー・ポピュラー・プライスより少し高い、ロアー・モデレート・プライスに設定した。そうして、百貨店マーケットを大量に侵略している。

しかし同社は、すでにあったマーケットを侵略しただけではない。先にブラジャーの例で挙げたような新しい用途の商品をどんどん市場に送り出すことによって、かつてなかったTPOSの新しいマーケットを創造したのである。だからこそ、店に並んでいる商品のすべては同社のプライベート・ブランド（PB）なのである。

日本にない品種

日本の商品の品種のバラエティは、すでにお客のニーズをカバーしていると錯覚している人が多い。しかし、アメリカのチェーンストアの品種数とは比べようもない。とくに、ホーム関連部門に関しては、日本の商品の品揃えはアメリカのそれに比べてひどく貧しい。インティメート・アパレルの分野でも、同じことがいえる。

ビクトリアズ・シークレットのPBが提供している用途の多くは、日本ではまったく存在しない商品である。それなのに日本では、アメリカにはもはや学ぶものはないといった妄言が大手百貨店トップの口から出たりする。

たとえばミニスカートが人気を博すようになった時、ウエストラインからヒップにかけてがすっきりするように、スパンデックス入りのボディを引き締めるミニスリップが登場している。これはまったく新しい用途の商品である。

また、ブラウスの裾の線が、ミニスカートのチャームポイントであるお尻の丸みを横切らないように、ボディからショーツまでつながったボディスーツが、各種お目見えしている。これは、日本にもわずかながらあるが、とにかく高額品で普通の人には手が届かない。

外で働く女性が、仕事先から帰って家でくつろぐときに着るラウンジウエアも、各種揃っている。着て楽な綿ジャージのパジャマ・スタイルだが、寝間着とは色や柄が違い、室内着らしく、人前に出てもおかしくない。しかも、この季節のファッション・カラーである。夏用には、タンクトップとボクサーショーツのセットもある。

また、素肌の上に羽織って前を打ち合わせて、ウエストに紐を締めるローブ形式のものもある。日本では、寝間着のパジャマかスウェットスーツが代用品になるところだ。

ビクトリアズ・シークレットは、今アメリカの大人の女性たちが何を求めているのかをつねに追求している。だからショーツだけを見ても、商品の色やスタイルや素材がどんどん入れ替わる。一時期に主力となるスタイル（キー・アイテム）はほんの二〜三種類であるが、まったく新しいホットなファッション商品なのである。

数十年もの間、シアーズやペニーで三枚一組で同じように売れ続けているクラシックな商品とは、性質が異なる品種なのである。

ビクトリアズ・シークレットの商品がファッショナブルなだけではなく、機能的にも優れていることは先に述べた。それに加えて、イージーケアは同社のPBのもう一つの特徴である。

大部分の商品が、洗濯機で洗える綿やポリエステル素材を使っている。一部シルクのものもあるが、家庭で洗濯のできるものが主力だ（シルクも、家庭で洗えるシルクだけ売っている）。綿素材はアイロンがけが不要なように、しわになりにくい事前加工がしてあり、お客にとってはありがたい。洗濯した後も買ったときの状態が保てることを、開発の条件としているのである。

日本では、ワコールのブラジャーが六、〇〇〇円以上する。ところが、もっとファッショナブルで豊富に揃ったサイズから選べる商品が、二八〜四八ドルで買える。さらに胸ポケットにバラの花の刺繍が入ったラウンジウエア用のナイトシャツが、三四ドルである。

だからこそ、ビクトリアズ・シークレットのレジ前には、何枚ものラウンジウエアや下着を手にした女性、そして妻や恋人へのギフトを買う男性が並ぶ。一枚しか買わないお客は、しばらく観察していても発見しにくいぐらいである。

B ふだん着

インティメート・アパレルとホームウエアとの違いは、前者がプライベート用、つまり他人に見せるものではないのに対して、後者は家庭内だけではなく、近所のスーパーマーケットに食品の買出しに出かけるときや、ホーム・センターに網戸を買いに行くときなど、家の周辺でも着られるものである。

いずれの場合も、このふだん着は通勤や職場で着るものとは違う。同じ買物でも都心の百貨店に電車に乗って出かけるときに着るものとは、まったく別のものだ。

表現を換えれば、家庭の主婦が毎日必ず着る服のことである。仕事をもつ女性にとっても、家に帰って夕食をつくり始める前に着替える服であり、ウイークエンドを家で過ごすなら、一日中着ている服である。

女性だけでなく、男性にとっても同じことだ。これがホームウエアなのである。だれもが毎日着る服——ホームウエアという商品部門は、インティメート・アパレルの次に使用頻度の高い商品分野なのである。

ところが一般の日本人にとってふだん着といっても、ジーンズやトレーナー、スウェットスーツしか思い浮かばないかもしれない。なぜなら、日本の店にはホームウエアと呼ばれるものが売られていないからだ。多少はあったとしても、品揃えが十分でないので、消費者への認知徹底度が低いのである。

ところがアメリカのチェーンストアでは、このホームウエアを大量に品揃えしている。ウォルマートやKマートやターゲットに代表される、ディスカウント・ストアの衣料品揃えの大部分がホームウエアで、それはDSの主力商品部門なのである。シアーズやペニーなどのゼネラル・マーチャンダイズ・ストアも、ホームウエアだけの核売場をもっている。

先にA項で述べたビクトリアズ・シークレットでも、店舗ではインティメート・アパレルのみを扱っているが、カタログを通じた通信販売ではホームウエアを扱っているし、大型店では三〇坪ほどの売場を併設している。

本体のリミテッドやギャップのアパレル専門店でも、商品の三〇～四〇％はこのホームウエア部門に属する商品である。さらに、ホームウエアだけしか扱わない専門店もあるくらいだ。

日本の専門店といえば、客層を限定した、とくに若者向きの、しかも使用頻度の低い外出着しか扱わない店が多い。ところが、アメリカのチェーンストアではこの

ように、

① 広い客層向けの

② 使用頻度の高い

③ エブリデイ・グッズ

を主力にしているのだ。

最初から、たくさんの生活者に頻繁に店に来てもらい、たくさんの商品を買ってもらい、毎日使ってもらおうとの作戦だからである。

ホームウエアの条件

ここで、アメリカのチェーンストアのホームウエアが、どういった特徴をもつ商品なのかを述べてみたい。

家事をするときに着る服の第一条件は、動きやすいことである。動きにくいと、つい何もかもめんどうになって、作業が進まない。そこで女性の場合、スカートよりもパンツ（スラックス）のほうが、しゃがんだり、座ったり、腹ばったりするのに便利である。

けれども不思議なことに、日本のテレビドラマに登場する家庭の主婦役は、たいていスカートをはいている。それが日本の専業主婦に対する一般的なイメージなのだろう。

だから、日本の主婦は本当のところ気の毒である。動きやすいホームウエアが店で売られていないのだから、買うことができない。

第二の条件は、着ていて楽なことである。つまり、動きやすいうえに、動いていないときも着心地のいいことだ。その点では、ジーンズは落第である。動きやすいかもしれないが、くつろぐには重いし、きゅうくつで不向きである。もともと農民などの屋外作業着だったのだから、家事向きではないのだ。

それに比べて、アメリカのホームウエアは伸縮性が追求されている。ウエストにゴム入りのパンツ、ニットなどで、軽いうえに伸びる素材が使われている。

日本でホームウエア代りに使われているスウェットスーツも、着心地という点ではアメリカのホームウエアの水準に達していない。生地が厚すぎて重く、肌ざわりが良くないからだ。

第三に、イージーケアである。洗濯機で洗えて、機械乾燥も可能で、そのあと、アイロンがけがいらないことだ。

この点でも、ドゥ・スポーツ用につくられたスウェットスーツは落第である。洗濯のあとの乾きが悪いし、この種類の綿は洗うとゴワゴワになり、型崩れするのが常である。

綿やウール、絹、麻などの天然素材一〇〇％だと、手入れが簡単にいかないのが欠点である。だれもがホームウエアを洗濯屋に出したり、アイロンがけをしたりするのをいやがるものだ。

だから、アメリカのチェーンストアのホームウエアは、天然繊維と化学繊維の混紡または肌ざわりの良い化学繊維を使用したものが多いのだ。使う立場に立った商品開発を実行しているからである。

第四に、着脱が簡単なことである。ボタンがたくさん付いているようなデザインは、ホームウエアには不向きである。

最後に第五の条件は、ファッショナブルなことだ。毎日着るものだからこそ、着るのが楽しくなるものでなければならない。

熟年ファッション

アメリカのチェーンストアのホームウエア売場には、ファッションカラーがあふれている。ホット・ファッションの柄やスタイル、衿などの新しいデザインもいっぱいなのである。

値段はもちろん、だれもが気軽に買えるポピュラー・プライスである。アメリカのディスカウント・ストア・チェーンでなら、トップもボトムも七〜一五ドル、上下合わせて一五〜二五ドルという値段なのだ。

だから次のシーズンに、まったく新しいファッションのホームウエアが次々と売場に現われても、お客は気軽に、そして頻繁にそれらを手に入れることができる。つまり、シーズンごとに新しいホームウエアを楽しむことができるのである。毎日の生活を、豊かに楽しく過ごすことができるわけだ。

毎日を楽しく過ごせるということは、このうえなく貴重な豊かさの条件である。一年の間にそう何度もない、よそ行きを着る機会のために高価な外出着を張り込む予算で、毎日着る新しいファッショナブルなホームウエアを、どれだけ頻繁に買えることだろう。もっとも、日本の現状では、それを売っている店が少ないのだからしかたがない。

もう一つ、アメリカのホームウエアの重要な特徴は、「熟年マーケット」をターゲットにしていることだ。これはなにもホームウエアに限ったことではないが、アメリカのチェーンストアは最も人口の多いベビーブーマース（団塊の世代）を中心に、広い客層をカバーしているのである。できるだけ多くの商品を売ろうと考えれば、当然の選択である。

ところが、日本の間違った業界常識では、新しい服を買うのは結婚前の若い男女に限られ、それより年齢が高い層は、仕事用のスーツかPTA用のよそ行き用のスーツかドレスしか買わないもの、と決めつけている。

お客の立場からいえば、高くて不便なものしか店で売っていないから、買えないだけなのだ。若者に比べるとはるかに賢明な熟年者は、本当に必要でお買得な商品にしか飛びつかない。彼らがもし生活用品として、便利で楽しいポピュラー・プライスの商品を発見したなら、必ず買っているはずなのである。

アメリカのホームウエアは、熟年者に着やすいスタイルが断然多い。崩れた体の線が目立たないように、そしてぜい肉のついたお尻が隠れるように工夫されたものだ。しかも、色や柄はホット・ファッションで、実に楽しいものばかりである。

豊富なサイズ

アメリカの大手ディスカウント・ストア・チェーンでは、婦人衣料の九〇％がホームウエア用途である。残りの一〇％は、通勤用のスポーツウエアである。よそ行きは扱っていない。だから、約三〇〇坪の婦人服売場の大部分は、ＰＢのホームウエアで埋め尽くされている。

商品群は、クラシックとホットの二つのファッション・カテゴリーに分けることができる。クラシックとは、長年にわたり継続して売れているスタイルである。各社自慢のマス・マーチャンダイジング商品を指す。これらのクラシック商品は、ポピュラー・プライスのなかでも低い価格帯に属している。

たとえば、ソフトなアクリルで作られた軽くて暖かい一五ドルのカーディガンはお尻が隠れるチュニック丈である。伸縮する生地でできたパンツはたった一二ドルで、ウエストの部分にゴムが入り、着心地の良さから人気が高い。

サイズは、幅で約一五種類、さらに長さの違いごとにそれぞれショート、アベレージ、ロングと三種類ずつあるから、全部で四〇種類以上になる。だから、だれにでもフィットするのだ。日本でサイズといえば、せいぜい三〜六種類であろう。これだけをとってみてもアメリカの商品の便利さがわかるはずである。

スタイルは息の長いクラシックでも、その色は毎年その時のホット・ファッションカラーに変わる。

ホット・ファッション商品のほうは、今最も人気のある新しいファッション要素を必ず取り入れている。

トレード・オフ

たとえば、ファッションリーダー・ショップのサックス・フィフス・アベニュー(Saks Fifth Avenue)で、アニマルプリントのアンゴラウールのセーターがトレンド・ファッションになりつつあるとき、ウォルマート(Wal-Mart)やターゲット(Target)は即座に同じアニマル柄を、綿とポリエステル混紡のジャージにプリントしたトレーナーを発注する。そして試売で売行きを確認し、三か月後には、その商品を店頭に並べるのである。

売価はサックスのセーターの五分の一である。アンゴラウールの代りに合織のジャージを使い、製造方法をニットからカットソーに変更したからだ。

このように、アニマルプリントという柄とスタイルのファッション要素だけを生かして、ほかの要素をコストの安い代用品に替えて製品化するテクニックを、アメリカのチェーンストア業界では「トレード・オフ」と呼んで、広く活用している。

この場合コストの問題だけでなく、ディスカウントストア・チェーンはふだん着としての使い勝手から、このトレード・オフが不可欠と判断したのであった。

サックスの商品は、確かに手ざわりが良いのだが、洗濯には、ドライクリーニングが必要である。これでは、ホームウエアとしては落第だ。それは、ごく限られた機会のおしゃれ着向きなのである。

チェーンのマーチャンダイザーは、ありとあらゆる方向にアンテナを張り巡らせてファッション情報を収集する。そして自分の目で情報を確認する。そこで発見したトレンドをトレード・オフして、ファッショナブルでホットなホームウエアを生み出し続けているのである。

トータル・コーディネーション

売場ではホームウエアだけではなく、同時に身につける品種の色や柄やスタイルを互いにマッチさせたトータル・コーディネート・グループとして、プレゼンテーションする。

表 2-3　ディスカウント・ストアのアパレルの分類例
(使用客層別・購買客層別・TPOS別分類の組合せ)

大部門			大分類
婦人衣	1	アウターウエア	① アクティブウエア (ホームウエア) ② スポーツウエア (ふだん着のトップとボトム) ③ ワーキングウエア (×キャリア・クロージング) ④ ジーンズショップ ⑤ ペティートサイズ (背の低い人) ⑥ ジュニアサイズ (やせ型で凹凸のない人) ⑦ ウーマンズサイズ (太った人) ⑧ マタニティー
	2	インティメート・アパレル	① ラウンジウエア (家でのくつろぎ着) ② 寝間着 ③ ランジェリー ④ ファンデーション ⑤ レオタード(ワークアウト用)
	3	アクセサリー	① 靴下 ② 袋物 ③ スカーフ ④ ヘアアクセサリー ⑤ イヤリング, ネックレス etc. ⑥ 化粧品
紳士衣	1	メンズファニシング(主に主婦が夫の代りに買う)	① Yシャツ ② ネクタイ ③ 作業着 ④ 寝間着 ⑤ アンダーウエア ⑥ ハンカチ ⑦ ベルト ⑧ 靴下
	2	アウターウエア(男性が自分で買う)	① スポーツウエア ② チーム・スポーツ(アクティブウエア) ③ ジーンズルック ④ ビッグ&トール(大型サイズ)
乳幼児用品	1	ベビー	① アウターウエア ② インナーウエア ③ 生活雑貨(たらい, おむつバッグなど) ④ 家具 ⑤ トイレタリー ⑥ おむつ ⑦ ベビー・フード ⑧ 玩具 ⑨ アクセサリー ⑩ ギフト
	2	トドラー	① アウターウエア ② インナーウエア
靴	1	婦人	① ファッションシューズ ② スポーツシューズ ③ クラシック・パンプス ④ 室内ばき
	2	紳士	① ドレスシューズ ② スポーツシューズ ③ クラシック・ワーキングシューズ ④ 室内ばき
	3	ガールズ	
	4	ボーイズ	

註. このほかに子供用としてガールズとボーイズ部門がある。

キャンバス地のスポーツ靴、トートバッグ（日本で袋物と呼ばれている）、ソックス、ヘアバンド、ベルトなどのアクセサリーが、同色で揃うのである。

その品揃えでは、ディスカウント・ストア第二位のターゲットのPB（プライベート・ブランド）の「メローナ」と「ヒラレーション」と「ユティリティー」などがみごとである。

メローナの、グリーン無地のフリース地のトレーナーと、プールオン（ウエストがゴム）のパンツに、同じグリーンと黒の縞柄のキャンバスバッグを合わせたら、買物に行くのが楽しいに違いない。

しかもトップが七～一四ドル、パンツが一二～一八ドル、バッグが一二ドルだから、トータルでも三一～四四ドルのポピュラー・プライスである。

このメローナのホームウエアは、もともとはジョギングウエアからヒントを得た、フリース生地のトップとニットのボトムの組み合せである。ターゲットの店内に核売場を構成している、主力PBなのである。

プールオンのトップとパンツというシンプルな商品ではあるが、衿の開き具合、ボディのシルエット、袖幅、パンツの幅、裾のすぼまり具合などのスタイルが、ファッションの動きに従ってそのつど変化する。色はもちろん、ホット・ファッション・カラーばかり。この売場の一品大量陳列は壮観である。

このように総合店だけでなく、専門店も、トップとボトム、そしてアクセサリーまでファッションを取り入れたコーディネート商品開発が常識になっている。より広い客層が高頻度に使用する商品を、便利に、より安く売る。そのために、アメリカのチェーンストアは商品開発の努力を日々重ねているのである。

C　掃除用品

掃除用品は、ホーム関連部門商品のなかでも最も身近な商品群である。そのために、これらの品種を扱うフォーマット(業態類型)の種類は数多い。

アメリカでは、①スーパー・スーパーマーケット、②スーパー・ドラッグ・ストア、③バラエティ・ストア、④ディスカウント・ストアの、四つのフォーマットでは、つねに主力商品部門としてフルラインで扱っている。

それに加えて、⑤メンバーシップ・ホールセール・クラブ、⑥ゼネラル・マーチャンダイズ・ストア、⑦コンビニエンス・ストア、さらに、⑧各種のスペシャルティ・スーパーストアが、それぞれの来店動機と来店頻度に合わせて、内容が少しずつ異なるライン・ロビングをしている。

これだけたくさんのアメリカのチェーン・フォーマットがそれぞれの特徴を出しながら、こぞって力を入れるに値するほど、この掃除用品部門は使用頻度が高く、購買頻度も高い商品分野である。それなのに日本では、どのフォーマットの企業でも売り方と商品仕入れの両方に努力が見られない。いや正確には、ベンダーまかせの売場が多いのである。

その理由は、たかが掃除用品と軽く考えられる傾向があるためらしい。一方、使う立場からいえば、毎日の生活に絶対に欠かせない品々である。しかも、あらゆる客層にとって必需品なのだ。

その場合の着眼点は、

① 使い勝手が便利なこと
② 楽に仕事がすませられること
③ 仕上がりが効果的なこと
④ 買物が短時間にすまされること
⑤ 値段が安いこと

の五点である。

だから掃除用品は、ホーム・ファッションやホーム・インプルーブメントより以前に問題にすべき、ベーシックなマーチャンダイジングの課題なのである。

一九九〇年代後半以降の競争対策としては、最も有利な盲点分野であり、他社に先駆けてアメリカのチェーンからベーシックなホーム・マーチャンダイジングとして技術を学ぶべきではないだろうか。

掃除用品の範囲は膨大だが、大きく二つに分類しなければならない。一つめは洗剤や雑巾などの消耗品であり、二つめはほうき、バケツ、掃除機などの道具、いわゆる耐久消費財である。

お客に不便な品種別分類

不思議なことに、日本の店には本当の意味での掃除用品という売場がない。大部分は品種分類で売場づくりが行なわれて、それぞれが別個に店内に分散しているのである。

例えば日本型スーパーストアの場合、洗剤は食品と同じフロアの洗剤売場にあり、バケツは住関連フロアのプラスチック容器売場にゴミ容器といっしょに置いてあるし、掃除機は家電売場にある。そして売場の大部分は、売る側は意識していないかもしれないが、消耗品と耐久消費財とに大きく分かれているのである。これでは、その商品を買うお客の立場からいえば、まったく不便な分類なのである。

たとえば、引越しをする人がいたとする。そこで引越先のアパートを掃除するために、部屋の掃除用品が一式必要になる。消耗品と耐久消費財の両方である。それを揃えるためには日本型スーパーストアなら、広い複数のフロアの、あちこちの売場にそれぞれの品種を探し求めて、右往左往しなければならないのだ。

なぜなら、畳を拭くための洗剤は一階のスーパーマーケット部門の洗剤売場にあり、雑巾は三階の家庭雑貨売場にあり、ほうきはまた別の売場にある。さらにゴミを捨てるためのくずカゴは四階の家具売場にあり、掃除機の紙パックは同じフロアの端の家電売場にあるからだ。

問屋に便利な品種別分類

このやり方こそ「問屋分類」と呼ばれているもので、日本の店舗に共通する最大の欠陥の一つなのである。これは、ベンダーに商品補充のすべてを任せている店に多く見られる傾向である。

問屋にとっては便利かもしれないが、肝心のお客にとっては不便極まりない。それでもお客があなたの店で買ってくれているのは、今のところ他社でも似たりよったりで、ほかに選択肢がないからである。

ところがアメリカのチェーンでは、どのフォーマットの店も一様に、消耗品と道具とを組み合わせたTPOS分類をしている。フォーマットごとに来店頻度に合わせた掃除用品を集めている。例えば、来店頻度の高いスーパーマーケットは消耗品はフルラインで、道具は購買頻度の高いものだけを扱っている。

お客が雑巾を買いたいときは、掃除用品売場に行けば、布製のトラディショナルな雑巾も、化学雑巾も、紙製の使い捨て雑巾も、同じ売場に並んでいる。日本では、紙製の使い捨て雑巾を買いたいのなら、紙製品の売場に行かなければならない。

アメリカの場合、掃除用品売場には、拭き掃除用の洗剤も雑巾バケツも水仕事用のゴム手袋も売っている。ゴム手袋は、同じ商品が食器洗い用としてキッチン用品売場にも置かれている。品目は同じでも、お客の使用目的が異なるからだ。

しかしゴム手袋でも、外巡り用のヘビーデューティ・タイプは、ガーデン用品売場にある。これも、商品をＴＰＯＳ分類にしているからである。

ほかにには、ほうき、モップ、ブラシ、はたき、さらにディスカウント・ストアでは掃除機すら、掃除用品売場に並んでいるのである。ただし扱っている掃除機はポピュラー・プライスのものだけである。

ＴＰＯＳ分類から新発見

次に、なぜＴＰＯＳ分類がお客にとって便利なのかを考えてみよう。

お客は、ある用途に使う品を一度に買い揃えることは少ない。新婚家庭か、家族から独立する学生か、新社会人に限られる。それでもお客にとってＴＰＯＳ分類が便利なわけは、周辺の関連商品のなかから便利な品、ほしかった品、忘れていた品が発見できることにある。

たとえば、風呂の掃除をするために新しいスポンジを買いに来たお客が、スポンジの置いてある掃除用品売場で「かび除去用の洗剤」を見つけることになる。そこでお客は、風呂の掃除にはこれもあれば便利だと気がつき、ついでに買って帰るのである。

そこにゴム手袋があれば、「このごろ手が荒れてきたから、風呂の掃除には使ったほうがいいかな」と、考えるのである。

お客はその商品を偶然目にするまでは、それを今日買うつもりではなかった。だから、わざわざかび除去用の洗剤を探して、売場をあちこち歩き回ることをしなかった。ゴム手袋も、その存在すら忘れていたくらいである。

しかしたまたま売場で見つけて、今日のショッピングの本来の目的以外の商品を買うことになったときに、そのお客は「買いすぎた」と思うのではなくて、逆に心から満足するはずである。

今まで、たわしやスポンジで力を込めて何度こすっても落ちにくかったタイルの目地に付着したかびが、スプレー式かび用洗剤を使って洗い流しただけで消えてしまったからだ。おまけに、風呂場がきれいになったと家族のみんなにほめられた。手にぴったりフィットするゴム手袋のおかげで、手の荒れも回復してきたのである。

「なんと便利な店だったのだ」という思いが残るだろう。この場合、お客はかび用の洗剤が市販されているのを知っていたことに注目してほしい。しかし、まだスプレー式のものを使ったことはなかったのだ。だから、わざわざ売場を探して手に入れるほどの価値があるとは、ついぞ思ってもみなかったのである。

掃除用品を買うために掃除用品売場に行き、たまたま売場で目についたからこそ使ってみる気持ちになったのである。もしも掃除のことではなく、ほかのことを考えているときなら、見れども見えずになっていたことだろう。

ゴム手袋のほうは、また別の話になる。かつてそのお客は、手袋を食器洗いに使っていたため、その効用は知っていた。ところが、ゴム手袋をすると手指の感覚が鈍くなることと、濡れるとゴムがすべりやすいことから、大切な食器を割ってしまい、それをきっかけに使うのをやめてしまっていたのであろう。

このお客は、掃除用品売場で改良された薄手のゴム手袋を見つけなければ、手の荒れに悩んでいたとしても、それを再び使うことを思いつかなかったのである。

同じ掃除用品でも、車の掃除用品は掃除用品売場にはない。カー用品売場の一角に、車専用の掃除用品がまとまって陳列されているのだ。この違いは、購買客層の違いによる。家の掃除は主婦が主体になって行なうから、その品選びも主婦が行なうのである。

一方、車の掃除は夫か息子がするのが一般的であろう。したがって、車の掃除用品を選ぶのは夫や息子なのである。オイルや部品を買うために来たついでに、掃除用品を見つけて買うことになる。もちろん、その逆でもいい。車の洗浄ブラシを買いに来たお客が、ついでにリアウインドーの日よけを買ったりする。車の掃除用品を他の掃除用品と同じ売場に陳列してみても、主婦にとってはわけのわからない商品として無視されるだけである。

一方、夫はカー用品を買うために店にやって来ても、掃除用品売場には立ち寄らないのである。

こうして、購買客層も商品分類の要素になっていることがわかっていただけたと思うが、要はどの条件を優先させればお客にとって便利でついで買いを誘うことができるのか、ということなのである。

その考察は、単に売場販売効率を増やすという効果以上に、次の二つの予想外ともいえる結果を招くものである。一つは「あれば便利」な商品、たいていは新製品が急に売れ出すこと、二つめは便利な売場、品揃えの充実した店というイメージが、そのつど高まっていくことになることだ。

フォーマットごとの品揃えの違い

アメリカのチェーンストアは、どのフォーマットもこのようなTPOS分類を行なっている。しかしフォーマットごとに、商圏人口や来店頻度の違いから、品揃えに特徴が生まれてくる。

それでは、ここでフォーマットごとの掃除用品売場の違いを示してみよう。

スーパー・スーパーマーケットは、各種の洗剤や消臭剤、消毒薬、防虫剤、雑巾といった消耗品を主力に品揃えしている。お客は食品を購入するついでに、すぐに必要としている掃除用品を買う。しかし食品をたくさん買うために、スーパー・スーパーマーケットで買う掃除用品は消耗品または必需品に限られるのである。ここでは、非食品の品選びに多くの時間はかけられない。

スーパー・ドラッグ・ストアでは、消耗品主力のスーパー・スーパーマーケットの品揃えとほぼ同じだが、やや用途の違う品目数が増え、さらに道具類が追加される。消耗品は豊富な品揃えだが、道具類は一つの用途には品目数を一、二種類のみに絞り込んでいる。

それでも大型の掃除機以外は何でも揃っているから、掃除用品が何種類か必要なお客は、スーパー・スーパーマーケットで食品を買ったら、そこでは非食品は買わずに、同じネバフッド・ショッピング・センター（小型）に二つめの核として入居しているスーパー・ドラッグ・ストアに入って買物をするのである。

これに対してバラエティ・ストアでは、消耗品と道具をともに売っているが、そのいずれも各商品の用途別に最も使用頻度の高い品目だけに限っている。つまりモップなら一種類のみ、家具用クリーナーならポピュラー・プライスの二流ナショナル・ブランドと最も安いブランドの二種類だけ、という具合に売れ筋だけをライン・ロビングしているのである。

商圏人口が少ないため、商品の選択範囲が狭くても、どこよりも安くて、ともかく用が果たせればよいという品揃えである。

大事な掃除用品

これらに対して売場面積が二、八〇〇坪もあるディスカウント・ストアの場合は、掃除用品売場は消耗品と耐久消費財の両方の品揃えが最も豊富である。価格はスーパー・スーパーマーケットとほぼ同じ、スーパー・ドラッグ・ストアよりはやや高い品種もある。そして消耗品なら、大量パックが主力になる。

スーパー・スーパーマーケットやスーパー・ドラッグ・ストアよりも来店頻度が低いディスカウント・ストアにお客が買物に来るときは、必ずまとめ買いになるものだ。安いことはわかっていても、それだけのためにしばしば出かけてくるわけにはいかないから、一度来たからにはなるべくたくさんのものを買って帰りたいと考えるからである。

他のフォーマットの店で一個売りしている商品も、ここでは束売りになるのはこうした理由からである。雑巾は一二枚一組、たわしやスポンジも三〜一二個のセットになっているものが目立つ。その際の一個、一枚当りの売価は、他のどのフォーマットよりも安いのである。

このディスカウント・ストアは、部門ごとの売場を広く確保しているから、日本にはない便利な品をたくさん置いている。

窓の掃除用品なら、ガラス洗剤をスプレーして一回ぬぐうだけできれいになるゴムべらや、繊維が付着しないガラス用の雑巾、ブラインドの埃を簡単に取り除く道具などが、気軽に買えるポピュラー・プライスで売られているのである。

売場の延長線上には掃除機の売場がある。同じ掃除機でも、食卓のパンくずを取り除くための小型のものは食卓用品の売場に、車内部の掃除用ならばカー用品売場にあるのだが、ここには部屋の掃除用が並んでいる。

そこで注目すべきポイントは、この例でいえば掃除機だけでなく、掃除機に関わるすべてのものが売られている点である。ごみの替え袋各種、さまざまな用途のアタッチメント、取替え用のホースやパッキンやコードなどの部品まで並んでいるのである。こうした売り方は掃除機に限らない。モップの売場でも、取替え用のコットンが並んでいる。お客にとっては、たいそう便利に違いない。

アメリカのお客は、目的に応じてフォーマットを選び、そのチェーンストアの掃除用品売場で、安くて便利な品々をショートタイム・ショッピングすることが可能である。だから、疲れる家事の代表とされている掃除も、楽にこなすことができるのである。これこそ、チェーンストアが永年にわたって築き上げてきたホーム・マーチャンダイジング・アソートメントの成果である。

D　キッチン用品

主婦が毎日使うもののなかで最も使用頻度の高い品は、なんといってもキッチン用品である。掃除や洗濯をしない日があっても、食事をしない日はないからだ。たとえ料理をしなくても、家で飲み食いすれば台所にある品々を使うことになる。

ところが、日本の店ではこのキッチン用品の品揃えについて、あまり熱心ではない。どのフォーマットの店を見ても、区別がつかないような特徴のない品揃えになっている。スーパーマーケットも、日本型スーパーストアも、ディスカウント・ハウスも、それに加えてホーム・センターさえもが、まったく同じような品揃えで、同じような売り方をしているのだ。そして、アメリカにはある便利な品種が不足している。

もちろん、便利な〝生活提案〟は売場のどこにもない。総じてナショナル・ブランド（NB）を中心に、問屋別とはっきりわかる売場分類で、しかも品目の並べ方までが、どこも似たり寄ったりだ。使用頻度の高い商品だけに、そのままでも徐々に売れていくから、改善の対象になりにくいのかもしれない。

しかし、だれもが頻繁に使う商品こそ、科学的な論理に基づく方針と継続した努力次第で、さらに売上げを伸ばすことができる。同質競合の分野だけに、努力しだいで逆にマーケットを寡占することすら容易と思われる商品分野なのである。

売上げを伸ばしたい一心で、経験のない新しい商品部門に進出したり、リスクの大きいニュー・マーケットの創造に着手することよりも、もっとベーシックなエブリボディそして、エブリデイ・ユースであるキッチン用品の売場を充実させる努力のほうが、必ず確かな成果が期待できるはずだ。

アメリカのチェーンストアの商品政策は、その点、実に着実である。つねにより客層の広い商品、より使用頻度の高い商品をまず充実させて、より多くのお客がより頻繁に毎日使う品を、自店で買ってくれるように集中努力をしている。そしてお客が、それを毎日便利に使い続けて、ありがたく思ってくれて、自社をひいきにしてくれるように、と望んでいるのだ。

そのうえで、独自の新しい便利な開発商品の提供により、より良い生活の提案をしていく。だからアメリカのチェーンストアのキッチン用品売場が、フォーマットごとに、そしてそれぞれの企業ごとに明確な特徴を示している。

どの企業も、ホーム・マーチャンダイジングのベーシック部門ともいえるこの売場を、この上なく重視しているからだ。決して、ないがしろにはしていない。

だれもが毎日使い続ける商品だからこそ、それを売る側は買う立場と使う立場の両方に立った品揃えをしなければならない。逆にいうと、競争の激しいアメリカの小売業では、お客の立場を優先しないかぎり企業の発展はありえないのだ。

それは、仕入れが楽にできるからとか、利幅が大きいからとか、店側にのみ有利な理由で品揃えをした売場になど、賢いアメリカの消費者は寄り付かないに決まっているからである。

豊富なキッチン家電

キッチン用品に分類される商品の範囲は、次の三つに分類されるだろう。

第一に、調理に必要な道具類である。包丁、まな板、鍋、フライパン、たまじゃくし、ボールなどだ。調理に使うものが分類の対象だから、もちろんミキサーなど調理用の小型家電も数多く含まれる。

第二に、それを食べるときに使うものである。サービング用品とかテーブルウエアと呼ばれているものが、これに含まれる。

第三に、キッチンとキッチンや食堂にある右記の品々を管理するためのものがある。ふきん、収納用品、調味料入れ、戸棚の敷き紙、洗いカゴなどである。この分類は、日本では先の二つの分類ほど重要視されてはいないが、アメリカでは同じくらい、いや、かえって他社の品揃えと差別化するのに有効な分野、とさえ見なされている。

ところで、アメリカではこれらの分類にはそれぞれ家電が含まれる。日本のように電動式の道具だからといって家電売場に並べるのは、お客に対して不親切であると同時に、店側にとっても損失なのである。

台所で使う家電といっても、冷蔵庫や皿洗い機のように、高額な出費を伴うものは一〇年に一度買うか買わないかという商品である。つまり、家具と同じように購買頻度の低い商品である。

分散する小型家電

ところが、コーヒーメーカー、ミキサー、トースター、ジューサー、サラダの水切り機、包丁研ぎ機、スロークッカーのような小型家電は、値段が手頃だから、お客側はしばしば便利なものに買い替える。

だからこそ、それほど堅固にできているはずもないから故障も多く、それも買い替えの理由になる。つまり、小型家電は大型のアプライアンス（家庭用電気器具）に比べて、もともと購買頻度の高い商品なのである。

動力が電気だからという理由や、メーカーが同じという理由で、人がめったに行かない家電売場に小型家電を押し込めるのは、わざとお客の目から隠していることになりかねない。

このことはキッチン用品に限らず、ヘルス＆ビューティー・エイド（ＨＢＡ）部門でも事務用品部門でも同じだ、と考えたいものである。

アメリカでは小型家電は、それぞれ使用目的に合わせて売場が分散している。だから、アプライアンス売場には小型家電を置いてないのである。

キッチン用品の売場に電動の包丁研ぎ機があれば、それはお客の目に頻繁に触れることになる。お客はしょっちゅう必要になるものを買いに、この売場をしばしば訪れるからだ。そして、こんな便利なものが世の中には存在することを知る。だから、なまくら包丁に難儀しながら、そういえばあんな商品があの店にあったっけ、と思い出してくれる。

それが包丁の隣に陳列してあればなおさらのこと、新しい包丁の購入をきっかけにして、その刃の切れ味を保とうと、研ぎ機もついでに買ってくれるかもしれないのだ。

ところが日本のように、これがあまり訪れることのない家電売場にあったなら、しかもよく行く売場とはフロアさえも別になっていたならば、お客はその便利な商品の存在を知ることがないし、当然買われることもない。

比較購買

調理用の道具にはさまざまなものがある。当り前のことだが、その道具がつねに何の目的に使われるものかを、売場ではっきりさせていなければならない。

たとえば包丁なら、最も頻繁に使われる菜切り包丁、魚や骨付き肉をさばくための出刃包丁、刺身包丁、肉切り包丁、パン切り包丁、冷凍食品用の包丁、果物ナイフなどの用途の区別、すなわち小分類が明確なこと。そして、それらの種類が揃っていることが、品揃えの条件である。

同じ目的に使う商品だけが、たくさんの品目数が並んでいて、そのくせ目的の異なるものがないのでは、意味がないのである。

日本のスーパーマーケットでよく見かけるのだが、フライパンがそれだけで二〇種類以上もあり、もともと四〇〇坪足らずと狭い売場なのにゴンドラ一台分を占領していることがある。しかし多くの家庭で備えているフライパンの数は一つか、大きさの違うのが二つ程度のものである。さらに、それらは耐久期間の長いものだ。

大きさという観点で使う立場から見ると、直径のわずかな違いは問題ではなく、大、中、小くらいの区別、厚さの違いくらいしか問題にならないはずだ。

素材にしても、最近のものは大部分が、食品がこびりつかない特殊加工が施してあるから、大差はない。だから、その店はお客から見るとどうでもよい違いを、ことさら不必要に取り上げているだけなのである。

似たようなものなのに値段に差があり、その違いの理由もはっきりとわからないと、お客はとまどうばかりである。これでは、かえって購買しにくいことになってしまう。これを、品揃えの重復と呼ぶ。お客が「たくさんあって困ってしまう」と言うときは、「みんなほしいのだが、予算に限りがあるから、そのなかからどれを選んでいいのか迷ってしまう」という意味なのである。これは、迷うことについては同じなのだが、うれしい迷いである。

しかし似たようなフライパンが並んでいる場合は、お客がほしいのは一つだけであるから、たくさんあっても困る。本当にほしいものは、そこに並んでいるなかの一つなのかもしれないし、そのなかにはないかもしれない。その点がはっきりとわからないのだから、この迷いは迷惑な迷いである。むしろ苦痛といえる。

極端にいえば、お客にとってある一つの用途の品は、本当にほしいものが一つあればよいのだ。つまり、店に来るお客の大部分が買いたくなる品が、まず三種類揃っていれば、比較購買の楽しさは味わえる。スタイルや色や柄が品選びの要素になるときは、品目数がこれより多くなるわけだ。

これに対して、品種の数が揃っているのがよいといっても、それが「特殊なもの」なら必要性は低くなる。つまり、お客の八割以上が使うものが優先的に品揃えされていることが前提なのである。

たとえば、フォンデュー鍋などは、日本の一般家庭ではまず無用のものである。そのようなものをステープル・アイテム（常備商品）として陳列していたら、死に筋在庫を生み出すだけである。ケーキやパンづくりの器具も、普通の家庭で本当に使っているものなのか、改めて検討し直す必要があるだろう。独身者用と称する容量の小さい商品も、同様である。

あれば便利な品

しかし、めったに使わないものでも、それがあれば便利なら、そしてその値段に割安感があるならば、お客は買う。だから、

① 売価
② 潜在客数
③ 使用頻度（商圏人口）

との関係で品揃えが決まり、その結果、店ごとのフォーマットの違いがはっきりしてくるのである。

アメリカのスーパー・スーパーマーケットとスーパー・ドラッグ・ストアは、商圏人口が五万人未満で、来店頻度の高いフォーマットである。

彼らのキッチン用品売場には、普通の家庭の大部分が頻繁に使うものだけがよく揃っている。スーパー・スーパーマーケットでは、一週間に一〜三回の割合で食品を買いにきたついでに、今どうしても必要なものだけを買うことになるので、エブリデイ・アイテムが主力になる。

スーパー・ドラッグ・ストアのほうは一週間か一〇日間に一回の来店頻度だから、それに加えて時々使うものが加わる。この場合、使用頻度が高ければ高いほど、品目数は増え、低ければ低いほど品目数は少なくなる。それでもスーパー・ドラッグ・ストアに行けば、選択肢が少ないにしても、たいていの目的のキッチン用品は手に入ることになる。しかも低価格品ばかりだから、迷わず買うことができる。そこが、このフォーマットの特徴である。

他方、ディスカウント・ストア（DS）に行くと、こんな便利なものがあったのかと驚くほど、さまざまな品種がある。しかも、それらはすべて大衆の暮しに関わりのある商品ばかりである。

このDSは非食品専門の大型店なので、日常頻繁に使うものはスーパー・スーパーマーケットやスーパー・ドラッグ・ストアより品目が多いから、お客の商品の選択範囲は広がる。そして、時々使うものもスーパー・ドラッグ・ストアよりたくさんの選択肢がある。

DSには、めったに使わないものでも、あれば非常に便利なものもある。たとえばリンゴからアップルソースをつくるためのグラインダーは、リンゴの季節にだけ活躍する。このグラインダーさえあれば、庭の木になるリンゴから自家製のアップルソースを大量生産して、一年中楽しめる。

保存用のジャーも売っていて、大型のものもあれば小型のものもある。マヨネーズの空き瓶を使ってもいいのだが、もとの臭いを完全に取るのに手間がかかるし、専用ジャーのほうが口が広くて入れやすい。高ければ買わないが、安いから気軽に買えるのである。

このように、非食品の品揃えが豊富で売価が安い点がＤＳの特徴である。だからこそ、大衆だけでなく所得や学歴の高い客層もＤＳをひいきにしているのである。日本の場合と違って、決して低所得者層やバーゲンハンター向けの店ではないのだ。

束売り

キッチン用品のなかでも、キッチンやその関連用品を管理する消耗品は、アメリカでは束売りで売られていることがある。

たとえば、皿洗い用のスポンジや金属磨き用の使い捨てたわしなどは、しょっちゅう取り替えるものだから、一個売りするのはもともとおかしい話だ。一個当りの単価が低ければ、一度に数個買っておいたほうが、在庫を切らして困ることがないから便利である。

ふきんも同じことで、三枚から二四枚のパッケージになって売られているのが常である。この場合、スーパー・スーパーマーケットの束売りの単位は小さく、ＤＳのそれは大きい。しかも一二枚入っていても四~五ドルで、一枚当り数十セントという安さだから、どんどん使い捨てができ、つねに清潔さを保つことが可能なのだ。

そして、その種類も実に豊富である。テーブルやカウンターを拭くための厚手で小型のもの、大きな肉皿を拭くための特大サイズのもの、ガラスのコップを磨くための繊維の付着しにくい布を使ったものなど、それぞれの細かい用途に従って選べるようになっている。これ一つとってみても、日本ではまったく見られない売場である。

入浴用とは別に、台所仕事中に濡れた手を拭くためのキッチンタオルは、キッチン用品の売場に並んでいる。薄手で、キッチンにある他の用途の品種とコーディネートした色や柄が付いている。これも、DSでは三枚の束売りで売られている。

ゴミ袋もまた、すべての家庭で毎日必ず使うものだから、販売単位が日本のものよりはるかに大きい。ポピュラーなサイズはロール方式の箱入りで、一〇〇枚の大型パッケージだ。

一方、束売りだけでなく、組合せ販売も盛んである。食器や調理器具を洗った後で水を切るためのカゴと水受けのゴム皿と、流しのクッション用のゴムマットとがセットになっているものなどだ。同じ流しで使うもの同士、色が同じでうれしいし、別々に買うより割安だ。

鍋の三点セットもある。日本の訪問販売会社が売り歩いている、一セット十数万円というような超高価なものではなく、普通の中鍋、小鍋、片手鍋が合計で一セット一五〜三〇ドルの手頃な価格である。ひとり立ちをして新生活を始める人はもちろん、ちょうど買替えの時期となった人にも便利である。

キッチン用品と次項で述べる食卓用品は検討すればするほど、斬新な売場を構成することができるのだ。

E　テーブルウエア

食器などの食卓用品は、最も使用頻度の高い商品群の一つである。だれもが毎日必ず使うものだ。しかも普通の人なら一日に三度以上使う。人によっては、スナックを含めて四〜五回にも達するだろう。赤ちゃんから老人まで、すべての年齢層の人々が使う。客層も実に広いのだ。

だからアメリカの、どのフォーマットに属するチェーンストアでも、テーブルウエア（食卓で使うものという意味）は最重要な商品部門として扱われる。また、この部門を扱っているフォーマットも、多岐にわたっているのである。

この部門の品種としては、

① 大小の取り皿
② サラダボールなどテーブルの中央で使う大型のもの
③ 一人ひとりが使う肉皿（大皿）

④　パン皿（中皿）
⑤　スープとサラダ兼用のボール
⑥　コーヒーカップと受け皿（小皿）
⑦　大小のコップ
⑧　ワイン、シャンパン、シェリーなど酒用の各種グラス
⑨　ナイフ、フォーク、スプーン
⑩　サーバー

などが中心である。アメリカでは、これらの品種が、

①　食器
②　グラス
③　シルバー類――ナイフ、フォークなど

のグループごとに、同じ素材、同じデザイン、同じ色、に統一されたものを使用するのが一般的である。もちろんそのためには、セットでも気軽に買えるような価格設定が不可欠である。これとは別に、バラ売りも当然に行なわれる。

一方、食器の素材は、割れにくく、電子レンジや皿洗い機にも使えるストーンウエアやコーニングウエアが主流である。金銀の縁取りがあるイギリス製の高価な磁器は、その点でかえって不便なのである。

グラスも、日本のようにクリスタルが主力ではない。軽くて値段が安い普通のガラスだ。シルバー類――ナイフ、フォーク、スプーンなども、本物のシルバー（銀）製は曇りを磨くのがめんどうなので人気がない。毎日の食事には、ステンレス製を使うに限るのだ。

アメリカでは、こうした「使う立場」に立ったアソートメントが特色となっている。

道具とアタッチメント

他方、これらのものを保存するための収納ケースもある。皿の形に合わせた円形のクッション入りのキルティング布製、紙製のグラスケース、木製のシルバーケースなどである。

このほかにも、食事の時に必要なものがある。

① テーブルクロス
② プレイスマット（ランチョンマット）
③ ナプキン

など、アメリカでは「テーブルリネン」という総称で呼ばれる商品である。

④ テーブルクロスの下敷き用のクッション
⑤ ナプキンリング

などの付属品も、このグループに属するわけだ。

毎日気軽に使える食器

ここで少し説明がいるのだが、リネンといっても本当にリネン（麻）素材を使っているものは少なく、チェーンストアで扱っているテーブルクロスの大部分はビニールコーティング製だ。さらに正方形、長方形、円、楕円の四つの型に、それぞれ一〜三種類のサイズがある。

人手を必要とする切売りはしていないし、売価はディスカウント・ストアなら三〜八ドルの安さだから、汚れたら頻繁に取り替えられるのがアメリカの商品の特徴だ。来客用の布製やレース製のものも、手入れが楽な化学繊維になっている。

このようにアメリカのチェーンストアのテーブルウエア売場には、毎日三度の食事の時に食卓で使うあらゆる商品が揃っている。そして、これらの素材の違う品種でも、色の統一によるトータル・コーディネートが実現されているのである。

アメリカのチェーンで売られている食器類は、気軽に買えて、気軽に使える日常用ばかりである。

その特徴は第一に、とにかく値段が安いことである。第二に、スタイルや色やデザインの同じものが、継続して売られ続けているから、万一傷んだり壊れたとしても、買い足しが可能なことである。

この二つの条件は、使う立場にとっては、まことにありがたいことなのである。

ところが日本では、この二点でまるっきり逆になっている。

アメリカのディスカウント・ストアでは、セット売りの食器が品揃えの主流なのだが、たとえば四~八人分の肉皿からコーヒーカップまで、二〇~四八ピースのセットがなんと一〇~四〇ドルのお買得価格で買える。一個平均五〇セント~二ドルである。それに加えて、クラシックなスタイルのものならバラ売りもある。だから子供の食器の扱い方に神経質に注意を与えたり、ハラハラしたり、壊されてがっかりすることもない。壊れたらいつでも補充がきくし、買い替えればよい。それに二セット用意しておいて、日によって柄の違う食器を使うことで、ガラリと気分を変えることもできる。値段が安いからこそ、それが可能になるわけだ。

気軽に買うことができて、気軽に使うことができる。これこそ、お客にしてみればすばらしい品揃えに違いない。

ガラスのコップ

ディスカウント・ストアの大手、ウォルマートやターゲットでは、四個二~四ドルのガラスのコップを売り続けている。いつ行っても、同じスタイル、同じ大きさ、同じ色の商品が、同じ値段で売られている。これなら破損をまったく気にせずに、日常的に使うことができる。忙しい時に乱暴に洗うこともできる。壊れたら、同じ物の追加補充が可能だからだ。

日本の家庭の食器洗いカゴの中に、ビール会社がセールス・プロモーション用に酒屋を通して頒布した、ブランド名入りのガラスのコップを、時折り見かけることがある。水を飲むときに使ったり、ジュースや牛乳を立ち飲みするのに頻繁に使われている。それがけっこう裕福な家庭だったりする。そして戸棚の中には、めったに使われない高価なクリスタルグラスが、ひっそりと並んでいるのだ。

クリスタルもおまけのガラス器も、科学的には割れる確率は同じである。使い勝手からいえば、クリスタルは重いが、ガラスは軽い。見た目は当然、クリスタルのほうが良いけれども値段が高い。安ければ気軽に使えるが、高いと割れたときの損失を考えるから、家庭の主婦はなるべく使いたがらない。

そこで安くて便利で形もよく、しかも継続して売られているガラスのコップが必要なのである。

ふだん頻繁に使うものとは

なんでも揃っているといっても、アメリカのチェーンストアのテーブルウエアの売場には、特殊な商品はない。客層の八割以上の人が使うものだけを店に置いているからだ。

ところが日本の食器売場を見ると、しばしば遭遇するのは、普通の家庭で最も頻繁に使う中皿やボール（どんぶり）の種類が少なすぎることだ。日本でもアメリカでも、同様に頻繁に使うものだ。

それとは逆に、日本では料理屋で使うような形の特殊な刺身皿や小鉢や小皿ばかりが、やたらに種類が多いことがある。そんな場合、聞いてみるとバイヤーはたいてい独身者である。外食ばかりしているから、居酒屋で使っている特殊な品を一般家庭で毎日使っているのだ、と思い込んでしまうようだ。

普通の家庭で何が頻繁に使われているのか調査もせずに、試験販売もなく、自分の狭い知識で仕入れを行なっていることが問題である。もっと大問題なのは、業務経験も生活経験も乏しい二十歳代の社員に仕入れを任せている、会社側のシステムである。

洋食器となると、これも来客用ばかりが目立つ店が多い。正装して白いテーブルクロスに向かい、銀のナイフとフォークとで食べないといけないような、気取ったディナーセットのことである。そんなディナーパーティを頻繁に催す家が、わが国にどのくらいあるというのだろうか。欧米諸国でも、これはごく少数なのだ。

こんな場合、女性バイヤーが担当しているか、バイヤーの奥さんの意見が反映されているかの、どちらかであろう。彼女たちは夢を描いているのであって、現実の生活のことを考えていない。お客は毎日の暮らしに必要なものだけを求めて、チェーンストアであるあなたの店に出かけてきているのである。

毎日の暮らしには、気取りは必要ない。それより便利で楽しいこと、つまり手数と神経とを使わずに、気持ち良く暮らせることのほうが、大切なのである。

そのためには何が必要なのか、そしてわが店に何を置くべきなのかを知るには、普通の家庭を客観的に観察することから始まる。正確な観察データをあらゆる角度から検討して、品揃えを決める。そして必要とする商品を、地球全域からバイイングするか、または商品開発をする。そうしてその商品が妥当かどうかは、試験販売によって裏付けされる。

こうした地味な作業の積み重ねの結果が、アメリカのチェーンの今日の品揃えなのである。

和食器と洋食器の関連

次に日本の場合、もともと和食器と洋食器をまったく関連づけせずに陳列していることも、根本的に間違っているのだ。日本の店ではこの二つが離れ離れの売場に陳列されている。しかし大部分の家庭では、毎日の食卓に並べる食器の和洋をことさら区別することなどしていない。大きさが適当で見ばえがするならば、洋食器に焼き魚をのせるし、漬物鉢にポテトサラダを盛り付けるのだ。

だいいち、日本の賢い主婦は、食の和洋中にもとらわれず、栄養のバランスとコストを基盤に、毎食のメニューを工夫しているのである。そこで、主婦が毎日便利に頻繁に使う形と大きさの食器こそ、素材や色が豊富で、商品の選択範囲が広くなければならない。

　しかし日本の小売業では、これとは違う発想がある。たとえば、「付加価値をつける」という発想だ。これは、「付加価値」のある商品を高く売って利益を得よう、という考え方だ。だから、特殊で高価なものばかり売りたがる。

　その極端な例は、かつて東京の青山に開店したときにマスコミが盛んに取り上げた食器とキッチン用品の店、そして最近の例では、ある大手ビッグストア数社の、アップスケール型と称するキッチン用品売場である。

　前者はその後、まったく店数が伸びていない。その理由は、高級ギフト店と化してしまったからである。先に和食器と洋食器の例を挙げたが、日常生活ではあまり使わないもの、特殊なもの、スタイルやデザインが奇抜すぎるもの、若い人の好みを優先したものが、品揃えの中心になってしまったのである。一方、後者は思うような効率を上げていないのが現状だ。

　注目すべき点は、値段が高すぎることである。ファッション業界ではＤＣブランドがパッタリと売れなくなったように、初めは物珍しさで売れても、値段が高いために継続購買には決して結びつかないのである。これでは、お客が固定化することはない。

「付加価値をつける」、つまり高く売って荒利を楽に稼ごうというのは、売る側の勝手な発想だ。いろいろ趣向を凝らしたあげく、ちょっとお洒落に見える商品を、お金をかけた風変りな内装の店に並べ、お客の気をひこうというものである。賢明なお客なら、こんな子供だましの手には初めから乗るはずがないし、そうでなくても二度目、三度目には気がつくはずである。

フォーマットごとの品揃え

最も商圏人口の狭いフォーマットのスーパー・スーパーマーケットでは、頻繁に使う品種がバラ売りされている。

たとえば、大皿、中皿、ボール、コーヒーカップ、マグカップ、グラスなどがそれだ。お客は食品を週に二〜三回買うついでに、必要に迫られたものだけを買う。だから、デザインはクラシックが大部分だ。

たまにスーパー・スーパーマーケットでセット売りの商品を販売することもあるが、それはシーゾナル（催事）として年間計画に数回組み込まれているからであって、ステープル商品ではない。

テーブルウエアは、ウォルマートやターゲットやKマートのようなDSや、シアーズやペニーのようなGMSといったフォーマットが強い。両フォーマットともに食器からテーブルクロスまで品種が豊富である。

ウォルマートは、あくまで安さを追求する。

Kマートは、ホット・ファッションの鮮やかな色を使ったプラスチックのコップや、それによく似合う縞模様のプレイスマットなどを同色で揃えている。百貨店の売れ筋の売価を、三分の一の価格にトレード・オフした商品を得意としている。

これに対してターゲットのほうは、グローバルなソーシング活動に基づく独自のPBによるファッショナブルなトータル・コーディネーションに定評がある。それぞれ、他社との差別化に苦心しているのだ。

これに対しGMSの商品は、DSのそれよりずっと耐久力がある。だから、ひとり暮らしをスタートさせる際にDSでテーブルウエアを揃えても、結婚するときにはシアーズやペニーのGMSで一連のものを買い揃えるのが一九八〇年代までは一般的であった。

けれども、DSの品質レベルとファッション性が向上した今日では、DSの品揃えがGMSに勝りつつあるのだ。

加えて新興フォーマットのホーム・ファッション・ストアでもテーブルウエアを扱っている。商品はナショナル・ブランドの割引販売、つまりオフ・プライス・ブランデッド・ストア型である。そして、その売場はますます拡張中だ。ディスカウント・ストアはその勢力を増強するにつれて、そのテーブルウエアの品揃えがますすます華やかになっている。

日本の小売業は、こうしたアメリカの潮流をもっと見習う必要があるだろう。低い売価とトータル・コーディネーションの実現が決め手である。

F 収納用品

ものの出し入れを簡単に

もちろん個人差はあるが、日本人がアメリカ人の家庭を訪問すると、たいていはきちんと片付いていてスッキリしていると感心するものだ。それに比べて日本の家庭はどこもかしこも部屋の隅や壁面や欄間まで利用して、物がところ狭しと並び、雑然としている。

その結果、アメリカ人は国民性として掃除好き、整理好きなのだという結論にもっていきがちだが、それは大きな間違いである。むしろ、アメリカのほうが掃除をするにも整理をするにも便利にできる、その本質をつかむべきなのだ。その理由と事情を考えてみることにしよう。

まずアメリカには、日本とは比べものにならないほど、生活に関して便利な品種がたくさんある。そのくせ、家の中にたくさん存在する物のほとんどが現在稼働中、という点が大事なのだ。

日本の家庭にも物はたくさんあるが、その内容は流行遅れで着られないが、買うときに大枚をはたいたから捨てられないでいる服など、つまり使えない死に筋在庫ともいうべき物、と見るべきである。

いろんな種類の物がたくさんあるということは便利に見えるけれども、それを家の中のあちこちに突っ込めば、使うときに収拾がつかなくなるものなのである。それを解決するのが、ここでとりあげる「収納用品」である。

アメリカで大部分の家庭がなんとか便利にきれいに生活できるのは、第一に家の構造が使う立場に立ってできていること、第二に、店で売られている収納用品の種類が豊富であるためだ。

日本のように、いらない物を捨てられないためにとっておくだけなら、邪魔にならないところにしまい込めばすむ。しかしそれなら単なる貯蔵であり、収納ではない。本来の収納とは、必要なときに苦労せずに取り出すことができるものでなければならない。

収納の種類

では、何がなんでも収納設備を揃えればよいのかといえば、実はそうではないところが問題である。巨大な収納室が一つあるだけでは困るのだ。

たとえば、アメリカの建売り住宅のモデルルームを見学すると、つくりつけ収納設備が数々あることがわかる。そのなかで、衣服を収納するクローゼットは、案外少ないものである。

日本人の女性がこれを見ると、必ず「これでは私の持っている膨大な衣装を入れるのには小さすぎる」と不満を言う。

しかし、アメリカでは二度と手を通すことのない古着を後生大事にとっておく習慣がないから、それで十分なのである。それより、

①　調理器具と食器を入れるシステムキッチンのキャビネット
②　掃除機や掃除道具を入れる専用の戸棚
③　洗濯機置き場の上にある、洗剤や仕上げ剤を収納する吊り戸棚
④　洗面所の近くにはタオルの収納棚
⑤　トイレにはトイレット・ペーパーや掃除用品を入れる戸棚
⑥　玄関にあるコート専用のクローゼット
⑦　ガレージには工具や自動車用品の戸棚
⑧　ホームオフィスにはパソコン、プリンター、関連消耗品入れ

などが、毎日出し入れしやすいように配置されている。

さらに、家の中でも出入りの少ない不便な場所には、年に数回しか使わない物を入れる戸棚がある、といった具合に、家づくりという観点から使い勝手がいいように配慮されている。日本のように、つくりつけは衣料用と布団用の押入れだけしか

なく、あとは自分で工夫しろ、というのとは大違いである。

アメリカの場合、家そのものが最初から物を収納しやすくできている。そのうえで、あらゆる目的の収納用品が各種フォーマットの小売店に揃っている。だからこそ、アメリカの家は便利で片付いて見えるのである。

万能収納用品

非食品を主に扱うアメリカの店では、どのフォーマットに限らず、収納用品の売場が独立して一大部門として展開されている。しかもその売場を広く取っている。それだけ需要の多い商品群だからだ。ところが日本では、あってもプラスティックの衣装ケースが置いてあるだけである。

収納用品は、老若男女が必要とする品種である。言い換えれば、客層の広い商品群である。しかも、毎日の生活に便利なエブリデイ・グッズである。ネセシティ商品ほどの必需性はないにしても、だれもが整理の行き届いた家で便利にきれいに暮らしたいと思っている以上、重要なニーズ商品なのである。

ディスカウント・ストアなら長さ一三メートルのアイルの両側二～三列分、GMSやホーム・ファッション・ストアなら三〇～六〇坪にまとめて、一つの核売場となっているのが常である。売場が二〇〇坪しかないバラエティ・ストアでも、収納用品の売場は独立して存在しているくらいである。

そこには、大きく分けて次の二種類がある。何の収納にも使える万能の商品と、衣類用の収納用品である。衣類用の収納用品は種類が多いので、分類すると、収納用品のなかでも独立した売場を構成するほどの品種数と陳列量になるからである。

万能の商品は、日本の店では不思議にも材質分類されている場合が多い。プラスチックの箱はプラスチック用品の売場に、竹のバスケットは竹製品の売場に、という具合である。ダンボール箱は少ない。

だから、スチールの組立棚もプラスチックの衣装箱も、同じくクローゼットの中で使うのに、まったく別の売場に陳列されているというのが、日本の現状である。せっかく家の中を整理する気持ちになって店にその用品を買いに来ているのに、売場が分散していては、いろいろと便利な商品が揃っていることを、お客は知るよしもないではないか。

チェーンストアのあるべき商品分類のかたちは、ある特定の商品を買いにやって来たお客に、ほかにもその目的を果たすために便利な品種があることを知らせ、ついでに買ってもらうことである。そしてこれは、小売業のノウハウの原点である。

衣装戸棚を整理しようと、ハンガーを買いに来たお客が、次の冬までしまっておくための埃よけ、虫よけのコートカバーを見つけたら、そしてそれが手頃な値段なら、買いたいと思うだろう。

その売場は「衣類ケア」売場として衣類の収納用品だけでなく、アイロン台やアイロン、洗濯用品も揃っているのである。

用途限定の収納用品

逆に、収納用品のなかにも用途が限定されているものがある。接客用の銀のフォークとナイフを入れる木製のケース、一年に一回だけ使うクリスマスの絵柄がついた皿をしまう、綿入れキルティングにジッパー付きのケースや、ファイリングボックス、CDケースなどは、入れるものが決まっている。

これらの商品は、その中に入れるものを買いに来たついでに買うものだから、収納用品売場ではなくて、その商品と同じ売場に陳列されていなければならないものである。皿のケースは食器売場に、ファイリングボックスはホーム・オフィスの売場に、CDケースはCD売場にあるべきである。

それを間違えて収納用品の売場に置いてしまうと、だれにとっても必要になる商品でないかぎり、用途が限定されているだけに、死に筋在庫となりやすい。やはりこうした中身の限られる収納用品を購入するチャンスは、その中身そのものを買うときなのである。ここが、収納用品の商品構成のポイントの一つなのだ。

そうでないときといえば、中身を買うときに同じ売場にある収納用品を、お客が目にしてその存在を知り、別の機会に買いに来るという場合である。

しかし、バイヤーが用途限定型の収納用品と思い込んでいるもののなかにも、案外、万能型の商品があるのも事実である。

たとえば、釣り針と疑似餌を入れる小さく区切った引出しのついた箱や、工具入れは、他の場合にも、こまごまとした物、たとえば裁縫用品、クラフトの材料、文具などを入れるのに便利である。このような商品は、釣り道具売場あるいは工具売場と収納用品売場の両方に、それぞれ陳列されるべきである。

まず手始めに、自分の店の全売場をくまなく歩いて収納用品を探してみよう。予想以上に、たくさんの品が見つかるはずである。

ところが、買う立場・使う立場に立ってみると、それらは決して便利で選びやすい分類にはなっていないことがわかるだろう。ということは、それらの商品は、今まで相当の量を売りそこなっていたと考えるべきなのである。

このほかに収納用品として注目すべきものは、

① キッチンの収納
② バスルーム用品の収納
③ ベビー、子供部屋の収納
④ ホーム・オフィスの収納

である。

以上は、それぞれの売場内で収納用品だけを集めて陳列すべきである。まとめるに値するほど、この商品分野の収納用品は種類が豊富にあるからだ。

繰り返すが、その商品が多目的に使えるかぎり、収納用品売場の商品とこれらの商品大部門内の収納用品売場の品目とは、重複してかまわない。

人はだれもが物を上手にオーガナイズすることで、必要な物が必要な時にたちどころに出てくることを望んでいる。きちんと整頓した家で暮らしたい、と願っている。それを可能にするのが、アメリカのチェーンストアで売っている収納用品なのである。

楽な取付け方式

次は、品種と品目の問題である。日本の収納用品売場には、アメリカのチェーンが扱っている商品のごく一部しか置いていない。それではいったい、アメリカではどのような品種があるのだろうか。まず使う立場のあり方から、考えてみたい。

収納の基本は、空間を上手に利用することである。そのうえで、取り出しやすくなければならない。だから、箱に入れて積み上げただけでは、便利な収納方法とはいえない。

さらに、収納用品は買ってきて置くだけで使えなければならない。持ち帰った棚を取り付けるために、パイプを切ったり釘が必要だったり、特別なネジ止めをしたりしなければならないのでは、便利とはいえないからだ。そうしたＤＩＹ方式を好む人はごく少数なのだから、なんらかの作業が必要なかたちは避けなければならないのである。

掃除用洗剤や保存食料などは取り出しやすくするため、よく使うものは裸のままで、箱入りのものは積み上げずにスチール棚に置きたい。そのスチール棚は、組立て家具なら女性にも簡単に組み立てられることが条件である。

そもそも引出しや箱類、コンテナに至るまで組立て式が多いのが、アメリカの収納用品の特徴である。持帰りに便利だし、不要の時には畳んでしまえば場所を取らないからだ。

他方、日本ではきわめて見つけにくいのが吊下げ式だ。これも、アメリカではさまざまにある。文具や薬など細かいものを分類整理するための、壁掛けパネルにたくさんのプラスチックの袋が付いたものは、クローゼットのドアの内側に接着剤などで簡単に取り付けられる。

ハンドバッグや靴の型を保ちながら、しかも空間を利用して収納するための、ポケットのたくさん付いたビニールの吊下げ式パネルもある。クローゼットのパイプに引っ掛けるものだ。ハンガーに掛かったままの季節はずれの衣類を、複数でスッポリ包み込む布やビニール製のカバーもある。

これらを吊り下げるためにパイプが必要な時には、足に小型車輪のついたパイプラックを売っている。それは、クローゼットのパイプのない空間に置くだけでよい。パイプを取り付けるためにドリルで壁に穴をあけたり、支柱を立てたりする手間が、これで省けるのだ。

箱と仕切り板

これら棚や吊下げ式の収納売場のほかに、箱類と引出し類の売場は、もちろん広くとってある。

引出し類の材質は豊富である。木製、プラスチック製、ダンボールやベニヤ板に美しい色柄のビニールを貼ったもの。さらにこれらは、組立て式になっているものが多い。また、引出しの奥行きと幅と深さも種類が揃っており、入れる物によって自在に選べるのだ。

引出しの中に物を入れて使うには、その中にはめ込む仕切り板も必要だ。ストッキングなど傷みやすい小物を入れるときには布張りの仕切り、ナイフやスプーンを入れるには防水のプラスチックのものがある。この仕切りの大きさも、数種類あるなかから選べるようになっている。

箱類もさまざまだ。最も手軽で低コストのダンボール箱、中身が透けて見える透明プラスチックの箱、積み上げることを前提として、側面にある開き口から収納物が出し入れできるプラスチックのバスケット。これらは、なんでも入れられる万能商品である。

ほかにも、そのまま外に持ち出しても見ばえがする籐製のバスケット、子供の書いた作文や絵など一生取っておくつもりのものを収めるのに便利なスチール張りのトランク。これは旅行用ではないが、取っ手が付いているから引越しの時に便利である。

袋もある。冬場にしか使わない毛布や、逆に夏場にしか使わない寝具を入れるための、ジッパー付きビニール製の袋。先に例に挙げた食器収納用のケースも、同じ品種に属するものである。

電子レンジが普及したからこそ、今までつくれなかった料理がだれにでも簡単にできるようになったのと同様、便利な収納用品が店で売られ、お客がそれを自由に使いこなして初めて、整った便利な生活が享受できるのである。

G ホーム・オフィス

アメリカのディスカウント・ストア（DS）には、必ずホーム・オフィス売場がある。その品揃えのコンセプトは、〝家庭内事務作業用〟である。

各種の支払いや定期的な投資、それに関する記録事務は、先進国ならどこの国でも主婦の毎日の仕事となっているものだ。ところが、この考え方は日本ではまったく無視されているライフスタイルである。

そこを重視してアメリカのチェーンストアは、DSに限らずスーパー・スーパーマーケット（SSM）でもスーパー・ドラッグ・ストア（SDgS）でも、大人用の事務用品を重視し、その売場は学童文具売場よりはるかに広いのである。子供の勉強より大人の仕事のほうが複雑だから、いろいろなものを必要とするからである。

しかもコンピュータの技術革新で年々在宅勤務をする人が増加していく傾向にある。往復の通勤時間をかけてオフィスに出向かなくても、自宅で仕事ができるようになってきたからだ。

そこでマイホームの一部分に、オフィスの機能をもたせることがますます必要となった。自分の仕事を進めるうえで欠かせない電話、コンピュータ、プリンターなどのOA機器のみならず、それらを設置する家具、メインテナンス用品と消耗品、書類用の本棚やキャビネット、作業する机、照明器具、事務用品とその整理収納用品などが、家庭用品としてクローズアップされてきたわけである。

アメリカのDSには、これらの商品を一堂に集めたホーム・オフィス売場が一九八〇年代から存在する。さらにこの売場は、一九九〇年代に品揃えが充実し、売場面積が年ごとに拡大し続けている。在宅勤務の増加を考慮して、DSのホーム・オフィス売場は家庭用の事務用品を一挙に拡大し、品揃えの充実を図ったからだ。

しかし、このホーム・オフィスというTPOSに目をつけたのは、DSだけではない。

DSより商圏人口が多く、来店頻度の少ないフォーマットのゼネラル・マーチャンダイズ・ストアのシアーズとエレクトロニクスの専門店のこの売場は、ハードウエアが主力である。

ホームを主題にしたスペシャルティ・スーパーストア、ホーム・ファッション・ストアのホーム・オフィス売場は、トータル・コーディネーションが売り物だ。

さらに、DSと比較して商圏人口が少なく、より来店頻度の高いフォーマットであるSSMやSDgS、バラエティ・ストア（VS）のホーム・オフィス売場は、だれもが頻繁に使う消耗品が品揃えの中心になっている。

一方、ホーム・オフィス用品だけを専門に扱う専門店も、チェーンストアの新しいフォーマットとして定着した。五〇〇坪前後のスーパーストア型でステープルス(Staples)がその代表である。全米に三、五〇〇店ある。

こうして今日では、ホーム・オフィスはアメリカのチェーンストアのホーム・マーチャンダイジングにとって重要な部門の一つになったのである。

日本でも自宅と店や事務所が同居している小企業の経営者一家、フリーライターやセールスパースンなど自宅を基点とする仕事の人、家で事務作業のアルバイトをする主婦、しばしば〝宿題〟を持ち帰る熱心なサラリーマン、仕事から帰ってから資格を取るために勉強している人、そして学生・生徒など、ホーム・オフィス用品の需要はもともと存在している。しかも日本の女性は、他の先進国の女性に比べて、事務作業を伴う家庭の経済管理を任されている率が高いのである。

アメリカ同様に日本でも、在宅勤務が増えている。ホーム・オフィス・アソートメントは今、注目に値するテーマなのである。

関連商品の販売

しかし日本には、アメリカのチェーンストアのような総合的なホーム・オフィス用品の売場をもった店はどこにもない。日本にはTPOS分類の考え方がないから、品種分類してある店の全売場を探し回れば、アメリカの半分くらいの商品はかき集められるかもしれないが、一か所には集まっていないのである。

アメリカのチェーンストアの売場は、TPOS分類で同時に使うものが揃っているから、ある目的を果たすためのさまざまな便利な商品の存在を、お客に知らせることができるのだ。

日本の店のように同時に使うものが分散していては、その商品を使ったことがあるお客、または何かの情報でその商品の存在をあらかじめ知っていたお客しか、わざわざ売場を探して買い求めることはしないのである。

主婦がテレビの修理代や米屋のつけなどの支払い請求書や領収書を綴じるため、穴あけパンチを買いに売場に来たときに、ちょうど良い大きさのファイルと、ファイルを立てるのに便利で、そのうえ押入れの隅に収まる大きさの収納箱が目に入るから、「これは便利だ。良いものを見つけた」と、喜んで買って帰るのである。

このお客は、書類の整理のことを考えているときにファイルと収納箱が目に入ったから、これは便利だ、と気がついた。もしもこの収納箱が、日本のような問屋分類の売場でプラスチックの紙くずカゴの隣に置かれていたら、このお客の目にはとまらなかったであろう。たとえそれを見たとしても、書類整理に使おうなどとは、夢にも思わなかったであろう。

関連販売は、お客にとって便利であると同時に、店の売上げを上げることにもなる。ＴＰＯＳ分類は、企業の拡大に欠かせない販売技術なのである。

不便な日本の文具売場

日本の問題点は、このＴＰＯＳ分類の売場づくりが行なわれていないことだけではない。もっと初歩的な、ただちに解決すべき問題点がある。それは、大人が家で仕事をしたり勉強したりするための商品を探すのに、大変な努力を必要とすることである。一つの店の一か所の売場に揃っていない、というだけではない。

日本型スーパーストアの文具売場を例に挙げると、その品揃えの大半は学童文具が占めている。内容や用途はどれもほぼ同じなのに、子供が喜びそうな表紙のデザインやイラストや、色が異なるいろいろな商品が並んだ、多種類少量陳列の売場である。

その売場がファンシー雑貨や玩具売場と連動していることからもわかるように、機能や使い勝手が問題になる大人用の商品ではなく、色や柄を楽しむ子供の愛玩物化した文具がはびこっているのである。そのなかをかきわけて大人用の実用的な商品を探すのは、並たいていのことではない。多くの人は「今買わなくてもいいか」と、諦めてしまうくらいである。

まして、とくに必要なものがないかぎり、通りかかったついでに何か良いものがないかちょっと寄ってみよう、という気が起きるはずもない。大人は自分には関係のない売場だと、決めてかかっているからである。

では、大人の文具や事務用品はどこで売っているのかというと、ダウンタウンのオフィス街の文具専門店であり、会社に出入りしている配達サービス付きの業者である。両者の商品の共通点は、大手の事務機器メーカーがつくった、必要以上に高級で堅固な品質であること、値段はそれに見合って高価なことである。

サラリーマンは毎日ダウンタウンに出かけて行くから、値段が高いことを我慢すれば必要なものは手に入るとしても、主婦や自営業者はどうすればいいのだろうか。

家の近くの文具屋、そして生活者の味方であるはずの日本型スーパーストアやスーパーマーケットまでが、学童文具に傾倒しているとなると、諦めるしかない。だから家庭の事務用品は、台所や居間の引出しに分散した必要最低限のものに限られる。そして家庭内の書類は、いいかげんに扱われることになるのだろう。

消費者は店に売っていないものを買うことはできない。見たことのない商品をほしいとは思わないし、それを探し回ることもないのである。これこそ真空マーケットである。

ボールペンのような必需品つまりネセシティ商品に対して、家庭用ファイリング・ボックスのようになくても生活していけるが、あれば便利で楽しい商品のことを、チェーンストアは開発している。それが真空マーケット開拓につながるのである。日本では一〇〇円ショップが力を入れている。

POS商品管理システムでは、その発見は不可能である。なぜなら、POSのデータはわが社ですでに売っているものしか対象にできないからだ。消費者が本当は何を求めているのか、消費者本人に聞くことも効果的とはいえない。なぜなら、彼らは見たことも聞いたこともないものを想像して便利かどうか、答えられるはずもないからである。

新しい用途の商品開発は、生活者の観察から始まるものである。しかしわれわれには、もっと手っ取り早い方法がある。それは、先駆者であるアメリカの商品に学ぶことである。彼らの成功例に習い、失敗例を避ける。それは、後発者の特権である。

大人用と子供用

アメリカのチェーンはいずれのフォーマットも、大人用の事務用品と学童文具の売場が分かれている。ホーム・ファッション売場でも、漫画絵のついた子供用のタオルやシーツと大人用とでは売場が分かれている。家具や衣料でも同じである。

その理由は、子供用と大人用とでは購買動機、そして購買の機会が異なるからである。大人は子供のものを選ぶときに、同時に自分のものを選んだりはしない。そういうときはたいてい休日に、当事者である子供を連れて店に来ることになるので、うるさい子供が一緒では、自分のものをゆっくり選ぶわけにはいかないからだ。

自分のものなら、平日や夜間のなるべく店が混んでいないときに、一人でゆったりとした気分で選びたいものだ。だからアメリカのチェーンストアでは、お客が買いやすいように、大人の売場と子供の売場を区別しているのである。

文具や事務用品を買いに行くなら、アメリカではSDgSかVSが一般的である。いずれも車で七分以内の近くのネバフッド・ショッピング・センター（小型）に入店しているので、出かけて行くのに便利である。深夜営業の店も多い。安さも、もう一つの理由である。

これらのフォーマットの店には、学童文具と大人用の文具、事務用品が豊富に揃っている。売場は学童用と大人用とが、通路を挟んで向かい合わせのゴンドラに並んでいる。小さい商品は見やすいように、ペガブル（穴あきボードからつき出たフックにひっかけた型）陳列になっている。

大人用と子供用の両者を比べてみると、同じ文具でもまったく品揃えが違うことに改めて驚くはずであるが、考えてみれば当り前のことなのである。

もともと食品が主力のSSMでは、文具売場は大人用が主力である。食品を買うのに手いっぱいだから、お客は買物のじゃまになる子供をなるべく連れて来ないようにするからだ。しかも買うなら絶対に必要なものに限られるから、店側は最も使用頻度の高い文具だけを安く、そして品切れしないように努力するのである。

DSの品揃えの特徴

DSに出かける場合は、お客は今すぐ必要な文具だけを買いに行くのではない。ほかにも必要な非食品があって、近所の小型ショッピング・センターで買物をするより、もっと高額の出費を覚悟する。だから少し遠くても、より安いDSに出かけて行くのである。

大げさにいえば、いつも優先されている今日明日の食べ物のショッピングを忘れて、もっと長い目で自分の生活を向上させるための買物をする。それがＤＳへ客がやって来る動機である。

必需品を安く買うという目的もある。さらに、必需品ではないかもしれないが、自分の生活に今までなかった品種を増やすことで、毎日の暮らしをより便利で、より豊かに、より楽しいものにする目的もある。その基盤になるものは、もちろん安さである。気軽に買える安さだから、お客は今まで買ったことも使ったこともない商品を、使ってみよう、買ってみようという気になるのである。

その結果、毎回、買って良かった、便利になった、と喜んでいるから、彼らは月に一～三回は必ずＤＳに買物に行くのである。

一方お客が百貨店に行く狙いは、長年にわたって毎日の通勤用に着るつもりのコートといった、必需品のなかで特別な品質を必要とするものを買うのが目的だ。百貨店の商品は値段が高いから、必要と決まったものだけを買いに行くのである。使ってみなければわからない、新しい品種を探しに行くわけではないのだ。

だから、百貨店で上等の商品を経済的に心細い思いをしながら手に入れた喜びと、ＤＳで新しいライフスタイルを手に入れるうれしさ、この二つは質の異なるものなのである。

ＤＳのホーム・オフィス売場には、組立式のデスク、臨時の作業用に使う折畳み式の作業台、書類整理用の小型キャビネットなどの家具がある。これらはオフィス用のハイテク・ルックの重厚感のあるものとは違って、家庭の雰囲気にマッチする素材や色を使っている。また、木製やスチール製のほかに、押入れ用のダンボール製のものもある。

照明器具も他のインテリアと違和感がないように、トータル・コーディネーションの配慮があることに注目したい。

ファイルやノートは、機能で分類されている。色や柄は一機能三～五種類揃っているから、お客にとっては十分だ。しかも、いつ行っても同じものを売っている。日本の文具専門店のように、同じような機能なのに、色やデザインばかりがいろいろありすぎては、かえってお客は迷うだろう。しかもその色や柄の品揃えは、決して継続しないものが大部分なのだから、本当に不親切なのである。

ほかにもノート、各種帳簿用フォーム（書式）、分類用のシールやタグ、書類整理用の袋、タイトルやインデックス用のシール、筆記具各種、輪ゴムまであり、文具売場の前に立てば便利なものを次々に発見することができる。セロハンテープを買いに来た主婦も、家の中のあちこちに分散した書類を集めて自分用のオフィスを台所のコーナーにつくったら便利になるだろう、と考えられるのである。

お客の立場に立つとは、こういうことを指すのである。

日本のバスルーム用品の現状

H　バスルーム用品

日本の店では売場の分類が、いわゆる問屋分類になっていることは、すでに指摘した。ここで問題にする「バスルーム用品」も、その例外ではない。

「風呂場用品」という売場表示はあるのだが、その表示の下に置いてある商品はプラスチックの風呂桶の大小と椅子、石鹸やシャンプーを収めるホルダーなど、つまりプラスチック売場なのである。プラスチックの問屋が仕切っている売場、ということであろう。

一方、風呂の蓋はポリウレタン製品が主力で、同質素材のすのこと同じ問屋が扱っているらしく、この二つは同じ売場に置いてあるが、風呂場用品売場にあるわけではない。風呂の蓋もすのこも同様に風呂場用品にほかならないのだが、その売場は分離している例がはなはだ多いのである。

さらに木製のすのこもまた、別扱いの場合がある。木製の棚などと同じ問屋が扱っているためである。お客が家にそれを持ち帰って、どんな用途に使うのか、まったく考えずに、問屋が持ってきたものを、そのまま一まとめにして「置いて」いるにすぎない。これでは陳列ではない。わざと選びにくくして、売れるチャンスを放棄しているのだ。

次にタオルはというと、これが寝具売場にある。布団とタオルは、使うお客の立場からいえば何の関連もない。しかし作る立場・売る立場からいえば、大いに関連しているのである。メーカーが同じ、したがって問屋も同じだからである。

それだけではない。バスルーム用品はまだまだ店のあちこちに散らばっている。壁に取付け式のタオルかけや鏡はＤＩＹ売場にあり、紙くずカゴは家具売場の片隅にある紙くずカゴ売場にある。石鹼入れや、うがい用のコップや歯ブラシ入れはヘルス＆ビューティー・エイド売場などと、店によってまちまちである。

店中をくまなく歩き回って、必要な風呂場用品と、あれば便利な関連商品を買い集める、まめなお客がいるとは考えにくい。そこでお客は、当初めざした商品だけを探して買うわけだ。

それは、必要に迫られた必需品だけをその店で買うだけ、ともいえるだろう。したがって必需品とはいえないが、あれば便利という品は見過ごされるし、必需品であっても目につかなければ他店で買われてしまう、ということになるのである。

家庭内の一つの場所で特定の目的に使うものが、売場内にこれだけ分散していたのでは、ついで買いを期待することはまず無理である。便利な商品があっても、お客はその存在に気づかないのだから、購買にはつながらない。

売場を万遍なく隅から隅まで歩き回るお客などいるはずがないことに、気づかねばならない。どんなお客も、見慣れた売場で、今必要なものだけを買って、さっさと出ていくのである。

このことは、お客にとっても店にとっても、不幸なことである。お客は新しい商品の便利さを享受できず、せっかく品揃えした店にとっては大きな機会損失なのである。

日本の小売業界は、まだ本当の競争を知らない。だから、スペース生産性の上がらない、問屋分類の売場づくりがまかり通っているのであろう。今こそ、競争を経験しているアメリカのチェーンに学び、TPOS分類によるお客に喜ばれる店づくりと、生産性の上がる売場づくりをめざしたいものである。

コーディネーションにおける惨状

ところが問題なのは、分類だけではない。店内に散らばっている風呂場用品を一か所に集めたらどうなるか、想像してみよう。

色はまちまち、柄はさまざま、ピエール・カルダンのロゴマーク入りのバスマットに、アーノルド・パーマーのサイン入り風呂桶など、それぞれの商品が勝手に自己主張して、調和も何もない。同じプラスチック素材でもメーカーが違うと、色まで違ってくる。その寄せ集めの結果が、日本の一般家庭の現状である。店で売っているものがちぐはぐなのだから、お客としてはどうしようもない。

他方、アメリカでは一つの部屋に置くものはすべて、色や柄を統一するのが常識である。扱っている商品の価格帯や店のフォーマットの違いにかかわらず、どの店でもこの原則は貫かれている。価格帯の最も低いフォーマットであるバラエティ・ストア（VS）でさえ、同時に使う商品の色はコーディネートして陳列している。

たとえばピーチ色が好きなら、品種が違い素材が違っても、まったく同じ色相で同じ彩度・明度の色の商品が揃っている。だから、お客がそれらの商品を買って家に帰り、風呂場に置けば、それだけで美しく調和（コーディネート）したバスルームができ上がるのである。

日本の品種でいうならば、プラスチックの風呂桶もコットンのタオルも籐の紙くずカゴも、同じ色で選べるのである。つまり、そうした色づけがしてある商品だけを店が扱っていることになろう。

これだと、お客のセンスの良し悪しにかかわらず、実際に使う際には、だれが選んでも同じ結果が期待できる。統一すれば、そこに調和が生まれる。個々に変化を加えたければ、一部に柄物を加えることも可能だ。

柄の色づかいに同色が混じっていたり、その濃淡の同系色が使ってあれば、統一感は維持できるし個性的にもなりうるからだ。こうしたアクセントをつけることが目的の商品も、あらかじめ計画して陳列されるべきなのである。

そうなれば、お中元でもらったブランド・ネーム入りのバスタオルなんて、使う気持ちにはなれない。せっかく調和したバスルームが台なしになるからだ。

アメリカでは今、家中をファッショナブルにすることで「日常の暮らし」を豊かにしようという傾向が、ますます高まっている。ゼネラル・マーチャンダイズ・ストア（GMS）もディスカウント・ストア（DS）も、さらに部門構成としては小さいスーパー・ドラッグ・ストアやバラエティ・ストアまでもが、「ホーム・ファッション」と名づけた大部門分類の売場を広げる一方である。その中分類が、バスルーム、ベッドルーム、リビングルーム、キッチン、パティオなどである。

ほかにもホーム・ファッションだけを専門にした、売場五〇〇〜一、〇〇〇坪のスーパーストアの台頭も目覚ましい。この新フォーマットは、ホーム・ファッション・ストアと呼ばれている。

日本の現状では売場が分散しているから、互いに不協和音を発するひどい状態が店側の人々に発見されないでいる。風呂場用品でもトイレ用品でも、一つの売場に集めてみれば、日本の家庭を惨めなものにしているのはメーカーと小売業者であることが、はっきりわかるだろう。

繰り返しになるが、商品を分類するうえで基準となるのはTPOSである。つまり、同時に使うものが、同じ売場に揃っていることである。

バスルーム用品でいえば、タオルかけ、簡単な取付け棚、防水カーテン、ブラインド、壁紙、紙くずカゴ、ティッシュボックスのカバー、石鹼皿、うがい用コップ、歯ブラシ立て、体重計、タオル、バスマットなどである。日本なら、それに風呂の蓋、すのこ、桶、洗い場用の椅子などが加わる。

商圏人口の狭いスーパー・スーパーマーケットやスーパー・ドラッグ・ストアなら、このなかでもどこの家でも毎日使う商品だけを選んで店に並べる。タオルは毎日何回も使うものだから、もちろんそこに含まれるが、色のバラエティは少ない。そして最も人気のある素材、大きさ、色や柄に限られる。購買動機が食品を買いに来たついでや、必要に迫られたときだから、それで十分間にあうのである。

DSではバスルーム用品はフルラインの品揃えをしているから、どんな目的の商品も手に入る。一つの目的を果たす品種内の品目は少ないにしても、気軽に買える値段が魅力である。たとえばバスタオルならスーパー・ドラッグ・ストアには売っていない大判のものも二品目だけ売られている。

その色と柄、スタイルはホットとクラシック（長年人気を保ち続けている商品）に限られ、八〇%の人が満足する品揃えである。

ＧＭＳの品揃えは、ＤＳのそれより品目が多いのが特徴である。それよりやや値段の高い商品（ただしポピュラー・プライスで、断じて日本の大型店のようなモデレート・プライスではない）も置いており、色やデザインも豊富であるが、トレンド商品はない。

次にホーム・ファッション・ストアは、それが専門であるだけあって品種も品目も豊富である。トレンド商品もあれば、デザイナー・ブランドもある。しかし、百貨店で売られているナショナル・ブランドを割引価格で提供するというＯＰＳ（オフ・プライスド・ブランデッド・ストア）方式を採用する場合が多く、割引後の値段でも、ＤＳはもとよりＧＭＳより二～三割高い。

混同しやすい品種1

これらすべてのフォーマットのチェーンでは、同じバスルームで使うものでも、シャンプーやバスオイル、ボディブラシなどは、バスルーム用品売場には置いていない。

日本の店ではＴＰＯＳ分類をしたと称して、風呂桶の隣にシャンプーを陳列したりする例があるが、これはＴＰＯＳ分類としても間違いである。シャンプーは、家族のなかでも人によって使う種類が違うものだ。父親はふけ取り用のシャンプーを使い、母親はパーマヘア用のもの、娘は硬い髪用を、子供は無香料のものなどと、それぞれ自分に合ったものを使う。店で直接商品を購入するのは主婦でも、使用客層はまちまちである。

つまりシャンプーはバスルーム用品ではなく、ヘアブラシなどと同じくパーソナル・ケア用品なのである。自分自身をケアするというTPOSに属するのだ。

逆にバスマットや紙くずカゴは、家族の皆がバスルームを使うときに同じように使うものだ。タオルも、それぞれ個人用のものがあるにしても、同じ素材、同じデザインの色違いが使われているから、主婦ひとりの意向で選べるものだ。つまり、シャンプーはそれぞれ使用客層が異なるが、バスマットは同じなのである。

もう一つの考え方は、コーディネーションである。色や柄の調和が問題になるもの、つまりある部屋の中のつねに人の目に触れる場所に置かれているものは、同じ売場に並んでいなければならない。

なぜならお客の商品の選択基準として、使い勝手のほかにスタイルの良し悪し、色や柄、デザインの調和にも重点が置かれることになるからである。それが揃っていれば、ついで買いを誘発することになり、客単価の上昇に一役買うことになるのである。

シャンプーを買うときには、ボトルの色やデザインはあまり問題にならない。まして、タオルの色とコーディネートしないからといって、買うのをやめる人もいないはずだ。この場合、機能だけが選択の基準になるのである。

もともと商品の分類は、
① 使用頻度
② 用途
③ 購買客層
④ 使用客層
⑤ コーディネーション
が鍵となるのである。

そこでアメリカのチェーンは、カラー・コーディネーションが商品の選択基準になるバスルーム用品を同じ売場に集め、さらに品種ごとではなくて、色別に陳列している。

たとえばピーチ色のバスルーム・カーペットもタオルも、シャワーカーテンも石鹸皿も、うがい用コップも、すべて同じ陳列棚に置かれている。お客が自分の好みの色の売場に行けば、すべての品種が揃うことになるわけだ。

次に、こうしてバスルーム用品を集める場合、風呂場の掃除用品はどうなるのだろう。掃除用品売場にではなく風呂場用品売場に置くべきではないか、という意見も出るはずだ。しかしこれに関しても、シャンプーと同じことがいえる。

たいていの場合、主婦がバスルーム用品を選ぶことになるので、その主婦がバスマットや歯ブラシ立てを選ぶときに考えるのは、床のタオルの色や洗面台の流しの色と調和するかどうか、ということである。そのことで頭がいっぱいで、掃除のことまで考えが回らない。掃除用品よりタオルのほうが購買頻度が低いから、慎重に選ぶ必要があるからだ。

だから、風呂の掃除用品が隣に置いてあっても、ついで買いには至らないはずである。風呂場の掃除用品は、ＴＰＯＳ分類では風呂場という場所より掃除という目的が優先される。

しかし、バスマットの隣に同じ色のタオルがあったなら、そろそろタオルもくたびれてきているからこの際色の合ったものに買い替えようかと、ついで買いを誘うことになるのである。

Ｉ　ウインドー・ファッション

部屋の模様替えをしようというときに、いちばん手っとり早い方法はカーテンを替えることである。それだけカーテンは、部屋の雰囲気に大きな影響を及ぼすホーム・ファッション用品なのである。

ところがそのカーテンは、日本では、日よけや目隠し、外気の遮断効果が目的の商品としか受け止められていない。そのために、目立たない地味な色合いが主眼とされ、また一度かけたら日焼けによる色落ちが目立たない限り何年もそのまま放置されてしまう。だからわが国では、カーテンといえば、変にうっとうしいイメージのする生活必需品となってしまっている。

しかしアメリカでは、カーテンは部屋の中に占める、つまり視界を埋める面積が比較的大きいため、室内のトータル・コーディネートを実現させるための最も重要な要素の一つであると考えられている。カーテンこそは、影響力の大きいホーム・ファッションの主力商品である。そしてその扱いは、売場構成上の大課題としてクローズアップされているのである。

カーテンはもともとどこの家にもなくてはならないもので、しかもガラス窓があるかぎり、どの部屋にも必要なものだ。だからこそ日本でも、引っ越しを決めたときに買い揃えるもののリストのトップにカーテンが挙げられるのである。

カーテンを替えることで気分を変えることは、新しい住まいの楽しみ方だが、そうでなくても日焼けによる消耗が激しいから、時々は交換の必要に迫られるはずである。家具のように、一度買ったらその後の買い替えが数十年後というような低購買頻度品ではない。

ここではっきりさせるべきことは、カーテンは時々は取り替える実用品であることだ。

そこで多くの人々は、安くて、しかも一目見ただけで自分の部屋を美しくしてくれるような品が店にあれば、すぐにでも買い替えたいと思うのだ。その時はカーテンを買うつもりで店に来たのではなくても、気に入った商品を見ればその気になる、という点に注目したい。

最近、日本でもカーテンの種類やカラーブラインドなどが増えてきてはいる。売価も下がってきた。けれども欧米に比べるとその品揃えははるかに貧弱で、素材や質感、そしてスタイルについて客側の選択の余地があまりにも狭い。

それに、窓の日よけや目隠し、外気の遮断効果のあるものは、カーテンとブラインドだけではない。欧米には、使い勝手が良く、見た目も美しく、手入れに時間のかからない便利な品種がいろいろあるのだが、それらはまだ日本では手に入らない。日本の品揃えは貧しいのが現状なのだ。

それに加えて、日本のカーテンメーカーは、部屋の中の他の品種と何の関連もなく、勝手に製品化している。室内のトータル・カラーコーディネートについては、まったく関心がないのが実態である。

これに関しては、なにもカーテンのメーカーだけが悪いのではない。カーペットのメーカー、ベッドスプレッドのメーカー、シーツのメーカー、テーブルクロスのメーカー、電気スタンドやサイドテーブルのメーカー、さらにくずカゴのメーカーなど、ありとあらゆるメーカーが、それぞれ勝手に素材を決め、色や柄までも独自に決めている。メーカーでは自社商品だけの「お値打ち」だけで商品を買ってもらおうと、躍起なのである。

だから、それを買い集めた生活者の部屋は、乱雑になるばかりで、美しく調和するはずはないのである。

カラーコーディネート・システム

日本に比べてアメリカでは、それぞれの品種を違ったメーカーが生産していても、ホーム・ファッション用品に使われる色はほぼ決まっている。

ピンク系なら、イングリッシュローズとかダスティローズと呼ばれている色。ブルー系なら、フェデラルブルーとかスモークブルーなどと名づけられた、いずれも落ち着いた澄んだ中間色である。何に付けても売れている色を追求すれば、だれが調べても同じ結果が出るはずである。

お客がホーム・ファッション用品として毎日心地良く、飽きずにつきあえる色は限られている。その線からはずれて他のホーム・ファッション用品と関連しない色や柄の商品を生産したら、お客が見向きもしてくれないどころか、それより前に店側のバイヤーが相手にしてくれないことを、メーカー側は自覚しているのである。

こうした常識をホーム・ファッション用品の業界内に植え付けたのは、シアーズを代表とするGMSの功績である。一九七〇年代にシアーズが自社マーチャンダイジングのホーム・ファッション用品すべての色を、トータル・カラーコーディネート・システムで統一したことによる。

カーテンでもタオルでも、食器でも柄もののシーツでも、色の名前か色番号が同じなら、必ず美しく調和した「暮らし」ができるというものだ。これなら、センスの良し悪しには関係ない。

シアーズやペニーでホーム・ファッション用品を買えば、コーディネートした日常の「暮らし」が気軽にしかもアフォーダブルな予算で実現できる。そのうえ同社は、何年、何十年と継続販売を実行しているから買い足しもできる。こうしてGMSは、大衆の人気を徐々にひきつけていったのである。

その状況のなかでナショナル・ブランド・メーカーが手をこまぬいていたはずがない。GMSのカラー・システムを基盤に、わが社の商品もお客が好み、他のホーム・ファッション用品とコーディネートする色、柄、デザインを追求するようになっていったのである。

この面でも、進歩的なチェーンストアがアメリカ人の生活を変えてきた、といえるのである。

アメリカでは「ウインドー・ファッション」という名称の売場が、DSやGMSでは核売場にさえなっている。核売場とは、お客があれを買うのならこの店に限る、とわざわざ目的買いをしにきてくれる売場、言い換えればお客を引き寄せるパワーのある売場のことである。

ウインドー・ファッションの品種

窓にかけるものはカーテンだけではないので、ウインドー・ファッションという名称が付けられているのである。そこにはさまざまな品種がある。

カーテンは日本と違って、表面がつるりとしたサテンのような織り方の布地が好まれる。埃がつきにくく、たまの手入れにも掃除機が使える。レーヨンとアセテートの混紡や、綿とポリエステルの混紡、日光を遮断するためにはアクリルフォームの裏打ちが施されているものもある。水回りにはナイロンやビニールも使われる。汚れをつきにくくするために、特殊な化学薬品で加工されているものもある。ドライクリーニングしなければならないものもなかにはあるが、主力は家庭の洗濯機で洗えるものだ。

いずれにしても、洗濯の後、買ったときのまま生地の風合をそのまま保つことが必須条件となっている。売ってしまえばそれまで、というのではなくて、使う立場に立った商品づくりが行なわれているためだ。

サイズも既製品で九種類あるから、これだけあればたいていの窓には当てはまるものだ。形も両開きの一般的なものだけではなく、紐で上下に移動する「バルーン」形や、窓枠に固定する「パネル」といったものもある。

こうした実用品だけでなく、カーテンのための飾りもある。「バランス」と呼ばれているもので、カーテンボックスをカバーするための装飾品である。このバランスのスタイルの種類がまた、豊富である。部屋の雰囲気を変えたいとき、カーテンはそのままでも、これを替えるだけで気分を一新できるものだ。

ブラインドは、日本でもよく見られるプラスチックの水平のものは、その幅の広さの種類が四つもある。シアーズなら色のバラエティが三八色、サイズはなんと五二種類まである。カーテンならひだで横幅が調節できるが、ブラインドは窓と同じサイズでなければならないからだ。DSではそのなかでも最もポピュラーな幅と色とサイズとが抽出されて、売場に並べられる。

ブラインドは縦型のものもある。こちらほうが埃がたまりにくいという人もいるし、従来の横型のものはオフィスを連想させて落ち着かないから、縦型のほうが好ましいという人もいる。プラスチックの冷たい感じを取り除くために、内側だけに布が張ってあるものもある。

ほかにも、すだれのような巻上げ式のもの、シャッターと呼ばれる鎧戸型のもの、カーテンと併用する日よけシェードの各種など、ウインドー・ファッションの売場には、窓のためにさまざまな品種がある。

キッチン用はDSで

ウインドー・ファッションの売場は、TPOSによって中分類されている。キッチン、寝室、リビングルーム、子供部屋、バスルーム用などである。このうち、子供部屋用はカーテンだけではなく、壁紙やシーツ、ベッドスプレッド、タオルなどとともに、子供部屋用品として分類される場合が多い。

バスルーム用もシャワーカーテンに限らず、バスルームの窓用のものも、バスルーム用品として分類されるのが一般的である。

店のフォーマットによって、その品揃えの重点の置き方が異なるのだが、DSではキッチン用のウインドー・ファッションが重視されている。汚れが激しいから、使う側としては安くてファッショナブルなものを頻繁に取り替えたいからだ。長もちしなくていいから、安くて見ばえがするものは、DSの得意とする商品分野なのである。

キッチンにはキッチン・タオルや床マットくらいしか布製品がないから、窓にはなるべく明るく華やかなカーテンが好まれる。直射日光さえ遮れば寝室のように真っ暗にする必要はないため、透き通った布地をふんだんに使った、フリルやリボン飾りの付いたかわいらしいデザインが人気である。価格も二〇ドル前後で一揃えできるから、楽しいものである。

壁紙もカーテンと同色のものが隣接した壁紙売場で見つかるから、カーテンを替えると同時に、壁紙も自分で貼り替えることができる。キッチンは主婦にとっては自分の城だし、面積も狭いから、気軽に模様替えができるところだ。

部屋の用途による違い

リビングルームやベッドルームのカーテンは、GMSが得意とするところである。基調色は何十年と継続して同じ色が使われているから、徐々に模様替えするときには、とくに安心して品選びすることができる。今年はカーテンを新調し、そして来年はカーペットを貼り替える予定があったとしても、シアーズなら同じ色が揃うことがわかっているからだ。

それに加えて、堅牢度にかけてはGMSの商品の評価は高い。短期間の間に合わせならDSの商品は低価格が魅力であるが、長もちさせたいのならGMSの商品に限るのだ。

しかしDS商品の間に合わせ需要も、案外多いものである。アメリカでも家をもつことは多額の出費を余儀なくされる。あり金をはたいて頭金を工面して、あとはローンを組むのは日本と変わりはない。普通、新居をもったばかりの人には、ホーム・ファニシングにお金をかける余裕などないのである。そういう場合に、ＤＳの割安な商品は便利なものである。

リビングルームとベッドルームのウインドー・ファッションは、基本的には違いはない。それぞれのカーペットや壁、部屋の中に置くものを考慮して、それと調和する色や柄が選ばれる。リビングの場合はソファが、ベッドルームの場合はベッドスプレッドが、考慮の対象となる。同じ生地を使う場合も多い。

ベッドルーム用の場合、安眠しやすいように日光を完全に遮断するための工夫が加わる。カーテン生地の裏にアクリルフォームが裏打ちされていたり、普通のカーテンに自分で取り付けられるドレーパリーライナーを併用したり、ロール形式のシェードを窓ガラスにいちばん近い部分に取り付けたりする。

しかしリビングルーム用は真っ暗にする必要はないから、直射日光を和らげる目的の透き通る生地のカーテンやパネルと、厚手のカーテンの二重使用ですむ。

取付け器具

ウインドー・ファッションの売場には、これらの商品を窓に取り付けるための部品も揃っている。それだけのためにわざわざホーム・センターに出かけて行かなくても、一度で用が足りてしまうのだ。実に便利な品揃えである。

カーテンレールは、専門の業者に頼まなくても、主婦が自分で簡単に取り付けられるものばかりである。二重でも三重でも、自由に選ぶことができる。取付け用のビスも付いているから、買って帰ったらすぐに作業にとりかかれる。そのカーテンレールにカーテンを吊り下げるための、フックもある。ブラインドもシェードもシャッターも、みんな自分で取り付けられる。だれにでもできるような状態で売られているから、それが可能なのだ。

日本の消費者が簡単な取付け作業を自分でしないのは、できるような状態で商品を売っていないのがいけない、と自覚すべきである。簡単にできれば買いたいと思うが、めんどうだったり、人に頼まなければならないのでは買いたくないのである。それは、まさしく機会損失である。

ほかには、メインテナンス用品も並んでいる。めんどうなブラインドの掃除が簡単にできる、便利な道具などである。

あなたの近くの店に出かけて行って、カーテン売場をのぞいてみよう。その多くは茶やベージュなどのアースカラーか、それとは逆に派手な色や柄である。濁った色を使うのは汚れが目立ちにくいためだし、派手な色や柄は若者のワンルーム用だ。

結局、これを買う人は少しも楽しくはないだろう。ほかに選択肢がないからやむをえず、仕方なく買うだけである。取付け用の部品も同じ売場に十分に揃っていない。お客が部屋の模様替えをしようと思ってカーテン売場に立ち寄ったとしても、がっかりして買うのをやめてしまうだろう。今使っているものと同じような、つまらないものや部屋にある他の品とコーディネートせず、浮き上ってしまうようなものを買うくらいなら、洗濯してできるだけ長く使おうと考えるだけだ。

洗ってみると、今度はつんつるてんに縮んだりする。洗濯することを前提にしていない商品さえあるくらいで、カーテンは埃だらけで破れるまで使うもの、と考えているメーカーがあるらしい。

日本のウインドー・ファッションの売場は、ようやく売価の点で改革が進みつつある。しかしTPOSの増加や品質の向上については開拓の余地が十分にある真空マーケットなのである。

J　ベッドルーム用品

ホーム・ファッション売場の花形

寝具売場といえば、日本ではまず布団が積み上げられたところ、というイメージがある。せせこましく、とにかく必要に迫られたときにしかお客は近寄らない。フロアのなかでは僻地の扱いである。

しかしアメリカのチェーンでは、まったく違う展開となる。アメリカのディスカウント・ストア（DS）やゼネラル・マーチャンダイズ・ストア（GMS）においては、ますます面積が広がりつつあるホーム・ファッション売場のなかの花形が、このベッドルーム用品売場なのだ。ホーム・ファッション・ストアだと、さらに売場を広くとっている。

バスルーム用品にも同じことがいえるのだが、ベッドルーム用品のほうが売場面積が広い分だけ、その差が際立っている。もう一つ、その差を助長する要素は、アメリカでも寝具の類には柄物が多いことだ。バスルーム用品のほうはアメリカでも日本でも同じように無地のものが多いのだが、アメリカの寝具売場には、色や柄がコーディネートするようにあらかじめ計画的に開発された商品が並んでいる。

一九六〇年代までは、日本のシーツは白色に決まっていた。布団カバーも同じ白色で、掛け布団の縁を白く囲み、真ん中にだけ布団の派手な花柄がのぞいていたものだった。枕カバーも同じ白色で、色や柄の見えるのは掛け布団だけだったから、楽しくうれしいと思えるほどではなくとも、それほどちぐはぐで統一のないものではなかったのである。

けれどもそれ以降、シーツにも枕カバーにも布団カバーにも、色や細かい花柄がつき始めた。外国の商品をまねたものではあるが、消費者にとっては目新しくて、色・柄つきがポピュラーになってきた。そして、次第に白色の寝具は姿を消し、色つき・柄つきが当り前のようになったのである。

しかし残念なことに、それぞれのメーカーがてんでんばらばらに色や柄を決めるものだから、それを仕入れ、そして陳列した売場は何の統一も秩序もなくなっている。当然に、その商品を買い集めて使っている家庭内が、美しく楽しくなるはずがない。

現在では日本でもアメリカと同じように、過半数の人々がベッドで寝ている。高齢化社会を迎えてますますその傾向が高くなっている。アメリカと同じような生活様式をとっているのに、中身はあまりにもお粗末である。

日本の一般家庭の寝室を見回してみれば、カーテンは灰色に分類される濁った色の幾何学模様。ベッドカバーは原色と黒色の縞模様で、シーツや布団カバーや枕カバーは、それぞれ違った淡いピンクやブルーの花柄である。

これではあまりにも雑然としすぎて、楽しい毎日が送れるはずがない。そうは言っても、コーディネートした商品が日本の店には売っていないのだから、選びようがない。お客のセンスが悪いからでもなく、どれも同じようにちぐはぐだから、どれでも同じことだとあきらめて買い求めただけである。

だから彼らは、買い替えなどしない。新しい商品でも結果は同じだからだ。結局、破れるまで、目的を果たさなくなるまで、妥協して手に入れたそれらの商品を使い続けることになるのである。

まさに、メーカーや小売業者は自ら大きな潜在需要を見逃している、と断言できるのではないか。

色彩の統一

日本のメーカーがシーツに色や柄をつけることを外国から学んだとき、同時にトータル・カラーコーディネーションの商品開発技術を見習うべきであった。トータル・カラーコーディネーションとは、単純に表現すれば、服装なら頭のてっぺんから足の先まで、部屋ならその中に置かれたすべての品種の色が統一されている状態をいう。使われる色は一色ではつまらないものになりかねないから、主力になるのは二〜三色になる。それ以上になると、こんどは統一するのがむずかしくなってしまう。

コーディネーションを魅力的なものにするためには、柄も使われる。全部を同じデザインの柄に統一しなくても、商品によって花柄の花の大きさを変えたり、縞柄や格子柄のような直線的な模様と、雲や鳥や貝殻などの形をデザインした複雑なプリント模様同士の組合せでもよいし、同色の無地と組み合わせるのもよい。ともかく、それらの柄に共通して使う色が統一してあれば、人の目には調和した美しさとして映るのである。

アメリカのベッドルーム用品売場は、シーツ、布団といった製品製造業界別の品種分類ではなく、コーディネートしたルック別のグループごとに、すべての商品が分類されている。

柄物だけではなく、クラシック・カラーの無地の商品も同じように色別に分類されている。それら息の長い人気を博しているクラシック・カラーは、ベッドルーム用品以外の他のホーム・ファッション用品とも統一されているのである。

品種によって素材が異なっても、色はまったく同じに見える。同じような色ではなく、似たような色でもない、まったくの同色なのである。

だからアメリカではだれもが、近くの店の同じ売場に並んで売られているベッドルーム用品を買って帰るだけで、美しく楽しいベッドルームを演出することができる。センスのいい人も悪い人も、同じようにそれが実現できるのだ。これをイージー・ツゥ・マッチ（easy to match）という。

日本でも輸入品や特別の高額品にコーディネート寝具があるにはあるが、普通の生活者にはとても買える値段ではないから、売っていないのと同じである。

アメリカでは、百貨店やホーム・ファッション・ストアやGMSはもちろんのこと、DSやバラエティ・ストアの商品に至るまで、トータル・コーディネーションが常識になっている。だから自分の収入に合わせて、無理せずに、楽しく日常の暮らしが実現できる。これこそが、チェーンストアによる商品開発努力のたまものなのである。

アメリカのベッドルーム用品売場に並んでいる品種は、

①　シーツ
②　枕カバー
③　布団（英語では comforter）
④　毛布
⑤　ベッドスプレッド（カバー）
⑥　マットレスパッド
⑦　枕

と、ここまでは日本とほぼ同じである。そしてアメリカの売場には、

⑧　ダストラッフル（dust ruffle）またはベッド・スカート

といって、ベッドの足下だけを囲む埃よけと飾りを兼ねたカバーがある。これに加えて、

⑨　昼間ベッドの上を楽しく飾る装飾用の枕カバーであるシャム（sham）

と、これも同じ目的の、

⑩　形の変わった小型クッションの数々

ベッド用品の品種

⑪　ベッドの足下に置くラグ（rug――小型の敷き物）
⑫　ベッドサイドテーブル用のテーブルクロス
⑬　カーテン
などが加わる。これらの品種は、シーツやベッドスプレッドとコーディネートするべきものと考えられているからである。

豊富な品種

もちろん、カーテンは別に独立した売場があるのだが、シーツやベッドスプレッドと同じ色や柄で統一されたコーディネート開発商品だけは、ベッドルーム用品売場に、他の商品と並べて陳列される。この場合トータル・コーディネーションを売り物にしたほうが、商品価値が一挙に高まるからだ。

ほかにも、日本の寝具売場には置かれていない商品が、アメリカにはまだまだたくさんある。

⑭　壁に飾る額縁入りの絵
である。もちろんプリントしたもので、値段は一〇ドルから三〇ドルが主力である。これも、シーツやカーテンに使ってある色と同色を使って描かれたものである。アメリカ旅行をするチャンスがあれば、ホテルの客室に飾られている絵に注目してほしい。必ずその絵に使われている色は、カーテンやベッドスプレッドやソファーや

カーペットと同じだということを発見するに違いない。さらに、もある。

⑮ 壁紙

壁は部屋の中の大きな面積を占める重要な構成要素だから、なおざりにはできないものだ。アメリカでは壁紙を自分で貼るのが常識だが、最近では家庭の主婦も外での仕事をもつ傾向があり、だんだんにその時間が取れなくなってきている。

そこで人気が出始めているのが、短時間で貼ることができるテープ式の壁紙である。それが、

⑯ ボーダー

で、布団のなかの柄を抽出して幅一〇～三〇センチのテープにデザインを施したものを、壁の腰の高さや、天井との境目に沿って貼り巡らすためのものである。最近では、よく目立つ幅広のものと、色と柄の種類が増えている。これならわずかな道具で簡単に貼れるし、十分に壁紙の役割を果たしてくれる。

このようにコーディネーションが問題になる品種ではなく、枕そのものやマットレスパッドのように、カバーの下に隠れてしまう商品のほうは、トータル・カラーコーディネートされたシーツやカーテンとは逆に白色一色が主力である。実に合理的な考え方ではないか。

ところが日本の寝具売場に行ってみると生成り無地のものも増えてはいるが、い

まだに敷布団と掛け布団のセットがいちばん目立つ位置に広い場所を取って陳列されている。同じ生地で仕立てられたもので、ひと昔前の布団独特の色や柄から脱却して、モダンな様相ではある。メールオーダーのカタログには、その敷布団と掛け布団を敷いた状態で、枕までも同じ生地でつくったものを置いてあるのが、写真に写っている。

しかし、それらに何の意味があるのだろうか。いまどき、シーツを使わないで敷布団に寝る人はいないはずだ。掛け布団も枕も、みんなカバーを掛けて使うものである。いくらすてきな生地でお揃いの布団や枕をつくっても、その上にカバーを掛けてしまうのだから、見えなくなってしまうのだ。

これは、まったく無駄な工夫である。高いデザイン料を支払った高価なプリント生地は、何の役にも立たないだけでなく、お客は余分な対価を無駄に払わされていることになる。そのうえ、お客のほうがそのお揃いの商品を買っても、家で実際に使うときには、お揃いではない、ちぐはぐなシーツと布団カバーと枕カバーとで、そのきれいな商品を隠して使うのだから、その結果は美しくも楽しくもないのである。

コーディネート・プレゼンテーション

アメリカのベッドルーム用品の売場は実に美しく演出されていることは、すでに述べた。それは、特別な装飾や高価な陳列器具が使われているからではない。トータル・カラーコーディネートの商品が、家で実際に使う状態で、使用見本としてプレゼンテーションされているからだ。それぞれの商品の実力を、十分に示した演出といえよう。

アメリカのチェーンでは、本物のベッドを置き、その周辺に関連商品を実際に使う状態で組み合わせて展開をする場合もあるが、この方法だと一つのコーディネート・ルックに最低四坪以上は必要となる。

そこでDSやウェアハウス型のホーム・ファッション・ストアでは、ゴンドラエンドの狭い面積だけを上手に使って、カーテン、シーツ、クッション、ラグなどを組み合わせて見せる。商品を購入したらこんなにすばらしいベッドルームができあがるということを、お客に示して見せるのだ。壁紙や絵も、このプレゼンテーションの対象外ではない。

しかも、この特別展示には決して手数をかけていないことがポイントである。売場の担当者に特別な陳列技術を必要としないのは、商品部から指示書が来ており、それを見ればだれにでもできる演出方法だからである。

このようなトータル・コーディネートのプレゼンテーションを目にしたお客は、きっと感動して、こんなふうに自分のベッドルームを変えて、気分を一新したいと思い始めるだろう。しかも、そこに並んでいる全品種を買ったとしても、DSなら一〇〇ドル前後でおさまるのだから、本当に気軽に買うことができる。

もともとこのコーディネート・プレゼンテーションとは、商品を売るための技術、お客に商品の優れた特徴を知らせ、買ってもらうための技術である。だから、こうした集視陳列の隣には必ず例外なく、その同じ商品の在庫がすぐ手に取れる状態で陳列されている。これはベッドルーム用品に限らず、すべての商品に共通の条件である。

日本では見本陳列、ステージ陳列の横に商品があったためしが少なく、何のための集視陳列なのか考え込んでしまうことが多いのである。

イージー・ケア

最後に、イージー・ケアを問題にしよう。日本ではとかくメーカーの「付加価値」商品政策の悪影響で、高級品志向がはびこっている。そのために寝具も、数十万円もする羽根布団だの羊毛布団がありがたいものだと信じている人が多い。店側も、単価が高いと有利だと錯覚している。

アメリカではオイルショック以降に布団がポピュラーな商品となった。それまで毛布だけで、室温のほうを高くしていたものだが、石油相場の高騰で、布団によって暖をとる方向にライフスタイルが変化したからである。

しかしアメリカでは日本と異なり、羽根布団も羊毛布団も、陳列量が少ない。その理由は値段が高いだけではなくて、洗濯が気軽にできないことがより大きい原因となっているからである。

アメリカの布団はベッドスプレッドを兼ねている。ふわふわの布団の上にベッドスプレッドを重ねるのは、めんどうだし、形も悪い。そこで布団はポリエステル綿入りで、キルティング加工を施し、埃をかぶったら自宅の洗濯機で洗えるようにしてしまったのである。

生地はシーツよりやや厚手のものを使い、洗濯してもまったく風合の変わらない合成繊維である。もちろん、シーツや枕カバーと同じ色、柄であることは言うまでもない。ポリエステル綿なら羽毛と同じように軽いし、値段は数十分の一の一枚二〇ドル前後からあるのだから、気軽に扱える。極端に寒い日には、毛布や電気毛布を併用すればすむことだ。

布団に限らず、シーツもイージー・ケアである。ポリエステルと木綿の混紡が主力のため、アイロンかけは不要だし、縮むこともない。おまけに乾きが早いから、週に一回の洗濯も楽にできるのもありがたい。

日本はとかく、天然繊維信仰がメーカー側にも消費者側にもある。既成概念にとらわれたバイヤーの発想も変わらないため、肝心の主婦の使い勝手は一顧だにされず、無視されているのである。

日本の住環境

手始めに、子供用のベッドルーム用品からコーディネーションの問題に取り組んでみてはどうだろうか。人気のキャラクターや、かわいい動物の絵などで、商品を統一してみよう。子供のものは色遣いが単純だし、かわいらしさを表現するのはそれほど面倒ではないはずだ。

アメリカのベッドルーム用品売場でも、子供向けのかわいらしいコーディネート商品は中分類の一つとして重視されている。色や柄が大人のものとはまったく違うので、その売場は大人のものとは区別されている。その点では、文具や食器なども同じである。

K 家具

アメリカの生活水準と日本のそれとを比較すれば、衣と食の分野において、コーディネーションと値段の問題で明らかに日本が遅れている。しかし、それ以上にアメリカに大きく水をあけられているのが「住」の分野である。

確かに日本の家は、ウサギ小屋などと嘲笑されるほど、欧米諸国と比較すると狭い。しかし、日本の小売業にとってそれよりもっと問題なのは、あの雑然と物が並んだり積み上げられたりした、無秩序な部屋のムードである。

アメリカでも、ニューヨーク州のマンハッタン島など、人口が密集した大都市のアパートは、日本と大差なく狭い。ところが私の知るかぎり、どのアパートも家具や内装が、一定のスタイルで統一されている。つまり、コーディネートしたホーム・ファニシングの品々が楽しさを演出しているのである。

一方、日本の家庭には、ともかくいろいろな物、生活用品がやたらと目につく。棚のガラス越しに見える食器の数々、食卓の周辺にはトースター、湯沸かしポットやプラスチックのパンケース、小型のワゴン、キッチンには冷蔵庫、米びつ、ごみ箱、炊飯器、鍋やフライパン、タオル掛けなど。

リビングルームには茶だんす、本棚、テレビ、ハイファイ・セット、飾り棚、マガジン・ラック、主婦が嫁入りの際に持ってきた婚礼ダンスの一部などで、壁面は埋めつくされている。それに、ソファとチェアとコーヒーテーブルのセット、カーペットやラグ（小型の敷き物）等々。

ともかく、部屋の中にいろいろな物があって、その一つひとつの色もスタイルも材質もまちまちだから、コーディネーションとはほど遠い、寄せ集めの落ち着かない状況となっているのだ。

その原因の一つが、建築設計上、収納の種類と数とが少ないためであることはすでにF項の「収納用品」で述べた。そして、ここで問題になるのが「家具」である。日本の家具屋では、家の中を、

① 整然と整理するための品種が揃っていて、
② それがコーディネートするように
設計、デザインされた家具を売っていないことが、それに輪をかけているのである。

今は名所旧跡になっている江戸時代の豪商や庄屋の旧家や、戦前までの日本の家屋を見れば、かつては日本の家にも適切な収納、使い勝手を心得た家具、スタイルや素材のコーディネーションが存在していたことがわかる。

西洋文明が入り込むにつれて、便利さを追求した製品だけが独走し、それを使う背景である家庭での生活環境を無視してきたから、無秩序で雑多な家が日本の平均的な家庭になってしまった。住まいの雑然さは、決して日本の伝統ではなかったのである。

欧米諸国と比較して、まったく遅れてしまった日本の家庭の機能の追求と住環境のバランスとを改善することができるのは、小売業者以外にはないと考えるべきだろう。

使う時の状態を示す

日本の場合、家具の分野でも他の部門と同じように、問屋分類、メーカー分類をしていることが、雑然とした無秩序な部屋をつくり出す、一つの要因となっている。

さらに、実際にそれらの商品を家庭内で組み合わせた状態がどのように見えるのか、まったく考慮に入れずにバイヤーが仕入れをしていることも要因の一つだ。

他方、店段階での売場づくりも同じように、食器棚は食器棚売場に、食卓と椅子はまた別の売場にある。リビングルームの三点セットと、それといっしょに並べられるはずのリクライニングチェアは、別々の売場にあるのだ。

使う立場を無視したこのような品種別分類、つまり問屋分類、メーカー分類の売場から、お客が一つひとつ商品を選び、そして家に配送されて一か所に集まったとき、それぞれが互いに調和するチャンスは万が一の偶然が重なったときに限られるであろう。言い換えれば、コーディネートするはずがないのである。

それに加えて、家具の一つひとつが現代のライフスタイルに合わせて使いやすさと楽しさを追求したものであるかといえば、決してそうではない。だから次々にこまごまとした機能だけを追求した商品の追加が必要となり、家の中はますます乱雑となり果てるのである。

アメリカの家具売場は原則として、日本のような品種分類をしていない。部屋の使用目的ごとに、その部屋で同時に使う家具とインテリアのすべてが、一つの売場に集められている。

だから、コーディネート・プレゼンテーションは家具だけで構成されるのではない。壁紙、クッション、照明器具、ウォールカバリング、フロアカバリング、植木までが、家庭で使うのと同じ状態で並べられて、トータル・コーディネートの美しさを見せているのである。もちろん家具だけではなく、これらのホーム・ファッション商品もすべてが売り物である。

実は、こうした見本展示によって初めてお客の商品選びがやりやすくなるのだ。一部屋分の商品を全部揃えて買うお客は少ないだろうが、そのなかの一、二品目を選ぶにしても、何と良く調和するのか知ることができる。

家庭ですでに使っている家具と調和するかどうかは見本展示で見当がつくし、回りにある同時に使う商品と買いたいものとを合わせたらどう見えてくるのかがわかるから、あちこち店を見て回らなくとも、自信をもって決断が下せるのだ。

つまり、ショートタイム・ショッピングが実現できるのである。

アメリカでは売場分類の仕方によって一つひとつの商品の売行きが違ってくることは、小売業の常識となっている。すなわち同時に使うもの、同じところに置くものを、同じ売場に集めることで客単価が上がるからである。

その理由は、先に述べたように、自分が実際に使うときの状況を見ることができるためであり、自分がほしかった商品と調和した別の商品をついで買いすることができるし、部屋づくりのゴールがわかるから、次の来店機会に買い増ししていくことになるのである。

アメリカの店における家具の分類は次のとおりである。

①　ダイニングルーム用
②　リビングルーム用
③　ベッドルーム用
④　子供部屋用
⑤　書斎（ホーム・オフィス）用
⑥　パティオ（ガーデン）用
⑦　キッチン用
⑧　バスルーム用
⑨　多目的収納用
⑩　ＲＴＡ（ready to assemble――①～⑨の用途の組立て家具）

家具の専門店なら、このすべての分類を扱っている。家具を扱っているフォーマットは、百貨店が右の①～⑥を、そしてゼネラル・マーチャンダイズ・ストア（ＧＭＳ）が右のすべてに関して品揃えをしている。

しかしペニーは、数年前にホーム・ファッションだけを残して家具部門を多くの店で廃止した。家具を本格的に扱っている総合店はシアーズのみなのだが、それも全店で扱っているわけではない。大商圏店だけである。百貨店も家具部門を廃止した企業が多い。

ほかに家具を売っているフォーマットには、DSやメンバーシップ・ホールセール・クラブ（MWC）があるが、先の分類の一部分のみの扱いである。

RTAは他の家具と比較して値段がはるかに安い。したがって、当座の間に合わせや、一時的な需要にもってこいの商品なのである。

だから一〇～二〇年さらには三〇年間も使い続ける高価な家具よりも、はるかに購買頻度が高いことになる。そこで百貨店やGMSより身近な、より頻繁に訪れるDSやMWCが扱っているのである。

RTAといっても、日本の商品のように、小型のいわゆる箱物だけではない。これがRTAかと疑うほど立派で大型のファイリング・キャビネット付きコンピュータ専用のデスクや、頑丈なチェストなどもある。

ベビーブーマースの成長による新築ラッシュも過ぎ去り、バブル経済が崩壊した一九八七年以降は、消費者は大型家電や家具などの高額な出費を伴う買い物を控えたのである。その結果、アメリカでは、一九九二年当時の家具専門店の倒産件数は、大手だけを見ても五社に及んだ。

シアーズは不振の家具部門をより大商圏の店舗に統合するか、専門店として独立させ、中型商圏の店舗の家具売場は廃止し、もっと購買頻度の高いホーム・ファッションとRTA家具の二部門を強化していく作戦に入っている。

RTAでないかぎり、家具は一〇年に一度、二〇年に一度しか買うチャンスがない。購買頻度が低いから、中・小商圏への出店は危険である。逆に、大都市圏内に一、二店しかなくても、品揃えさえ豊富なら、お客は遠くからでもやってくるものだ。しかしその場合、競争相手より圧倒的に品種が多くなければならない。また新しい方法としては売れ筋だけを徹底してラインロビングすることだ。

スタイルの統一

次に、それぞれの売場にどんな品種が並んでいるかというと、ダイニングルーム用にはダイニングテーブル、チェア、ハッチ（装飾用食器棚）などである。

テーブルとチェアは、家族の毎日の食事のためにキッチンの片隅に置くカジュアルなものと、リビングルームの延長にあるダイニングルームに置く来客ディナー用のがっしりとしたものとに二分される。それぞれ用途と置く部屋が違うから、スタイルも素材も違ってくる。

日常に使う食器棚としては、システム・キッチンのつくり付けキャビネットで間に合う場合が多い。そのためハッチは自慢の食器を飾る目的に利用され、ダイニングルームのテーブルとチェアに隣接して据え付けられるから、スタイルが三者統一されているのが常識である。キッチンに置く家具は、毎日の食事やスナック用なのでモダンなスタイルが多用され、イージー・ケアの素材が好まれる。

一方、ダイニングルーム用はリビングルームとつながっている場合が多いから、それと同じスタイルで統一する。クラシック・スタイルならシンプルでエレガントな〝クイーン・アン〟スタイルや、どっしりした〝アーリー・アメリカン〟スタイルや、田舎風の〝フレンチ・プロベンシャル〟などがポピュラーである。

また家具の場合、同じ部屋に置くものは、基本的に同じ素材、同じ色で統一する。これはコーディネーションを効果的に成功させるための手段である。RTA家具でも同じ条件が必要で、バイヤーはスタイル、素材、色の統一に気を配っている。

リビングルーム用の家具はモダンなものが若いカップルに好まれるが、熟年になって家具を買い替える段になると、クラシックが好まれる。

ソファやチェアは布を張り替えることで気分も変わるし、そうすることで高価な家具を長年にわたり使い続けることができるのである。

GMSやDSには、張り替えたものと同じ状態に見えるカバーも売っている。クラシック・リビング家具の規格サイズに合わせて、ソファ用がスタイル別とサイズ別で一一種類、チェア用が七種類、リクライニングチェア用が三種類、ラブシート（二人がけ用ソファ）用、オットマン（足のせ）用など、全部合わせて二五種類のスタイルとサイズがある。それに加えて、色、柄の種類も豊富である。

しかも大事なことは、カーペットやウインドー・カバリングとも同じカラー・システムの範囲内で、色が決められていることだ。このために同じ店で商品を買い続けるかぎり、調和のとれた部屋づくりが約束されているのである。

リビングルーム

リビングルーム用の家具で日本に選択肢が少ないのがエンターテインメント・センターである。どこの家庭のファミリールームやリビングルームにも、テレビとオーディオ・セットがあるものだが、それらの置き場所を確立するのがエンターテインメント・センターの役割である。

使わないときは、扉を閉めてテレビをしまってしまうこともできる。そのほうが部屋の中がすっきり美しく見えるし、埃もたまらない。さらにビデオテープやCD、雑誌など、どこの家庭の居間でも使うものが収納できるようになっている。

日本にはこうした家具がないから、部屋の中が雑然と見えるのだ。これは、カラー・コーディネーション以前の問題である。

子供用の家具

子供部屋の家具にも同じことがいえる。日本の子供の学童机には、照明、掲示板、鉛筆削り、ランドセルハンガー、漫画のキャラクター模様まで、実にいろいろなものが付いている。

しかしこんなにたくさんの便利そうなものが付いていても、子供の生活はそれだけではすまないものだ。机の前に取り付けた小さな掲示板では用は足りないし、玩具や漫画雑誌、ゲームのセット、さらに衣服もある。

それらのすべてを、つまり、子供の日常生活をカバーする家具がアメリカには存在する。それは日本のメーカーが売り出している数十万円もするシステム家具ではなく、ＲＴＡの商品もあるくらい、シンプルなものである。

ちまちました小さな引出しの付いていない簡単な机を中心にして、そして左右に大小の整理用の戸棚と引出しとがあり、上には棚と大型掲示板というふうに、一つに組み合わせたものである。

子供のかわいらしさを表わすために、赤や青のラインを引いたものも、女の子らしく引出しの表面に花の絵をプリントしたものもある。しかもそれらは同じ部屋に置かれるベッドのヘッドボードと同じ模様である。

また、子供部屋の家具には、ベビー用は含まれない。総合店ならベビー家具は家具売場ではなくて、ベビー用品売場に置かれている。他のベビー用品といっしょに買うほうが便利だし、一年しか使わないベビーベッドのために、わざわざ家具屋や家具売場に出かけていかなければならないのは面倒だからである。

大人の書斎用の家具にも、工夫が凝らしてある。近頃、パソコンやファックス、コピー機の家庭内での使用が増えているのだが、これも日本では置く場所がなく、部屋の乱雑さに拍車をかけている。ところがアメリカでは、こうした増加する一方のOA機器を一か所に集めて、しかも、使いやすい状態に保つための家具が売られている。

これはRTAが主力だから、DSやホーム・オフィス用品専門のスーパーストアや、コンピュータ用品専門のスーパーストアでも売られている。シアーズのコンピュータ用品の売場にも、必ず並んでいる。これさえあれば、独立した書斎をもつほどの余裕がなくても、乱雑さを残さずにすっきりと使うことができる。

次に、ベッドルーム用品の主役はやはりベッドである。しかしベッドの売り方はアメリカと日本では随分違っている。アメリカの場合、ヘッドボードと、ベッドの本体であるマットレスと、その下にあり衝撃を吸収する役目を果たすスプリング・ボックスと、それを支えるファンデーション（フレーム）の、四つの部分に分割して売られているのだ。

ヘッドボードはファンデーションにネジで止めて付けるようにできていて、止め具はその取付け位置もネジも規格が決まっている。だから、ベッドそのものを買い替えなくても、ヘッドボードを取り替えるだけで部屋の雰囲気を変えられる。木製のものにも素材、色、スタイルにバラエティがあり、ラタンや真鍮、パイプ、布張りのものまである。

マットレスは最も傷みやすいものだから買い替える機会が多く、だからセット売りだけでなく、前記の四品種はそれぞれ別売りもある。ファンデーションは掃除がしやすく、シーツを取り替えやすいキャスター付きが主力だ。

収納家具については、前述のF項「収納用品」を参照されたい。

パティオ家具は、DSやホーム・センターのシーゾナル売場の季節品売出しによく現われる。夏が近づくとパラソル、テーブル、チェア、チェイス（寝椅子）のセットが、一〇〇～二〇〇ドルの安さである。

ほかに日本にはない商品は、臨時の作業やトランプゲームなどの遊び用の折畳み机などで、値段はこれもセットで四〇～八〇ドルである。子供の友達が集まって宿題をする、近所の主婦が集まってお祭に必要な飾りをつくるなど、そんな時に便利である。使わない時には折り畳んで押入れやガレージの隅に立てかけておけば、じゃまにならない。これも、DSのステープル・アイテムである。

家具の分野でも、アメリカのチェーンは、このように使う立場の便利さを追求した商品づくりと売場づくりを実現している。

3 新しい売場分類変更の進め方

本章では、主に商品の売場分類の新しい考え方を問題にしてきた。今まで業界の慣習であった製品メーカーと問屋分類による売場づくりから、お客の立場に立った便利で楽しい用途別分類を提案した。これに基づいて、ぜひ売場の分類変更に着手してほしいものだ。

さてここで、新しい売場分類を実現させる過程で、変化に伴う現場での疑問点を解明しておきたい。第一は分類変更の進め方、第二は品揃えのあり方からの面積の変更、第三に適正規模のあり方についてである。

いちばん大きい実務上の難問は、分類をあるべきかたちに変えてしまったとき、新しい用途別分類に慣れないお客が商品を探し回ることである。これが最初の関門である。「以前はここにあった商品は、どこにいったのか」という質問が多発する。

何事によらず、急激な変化は混乱のもと。人が変化に順応するのには時間がかかる。その余裕を初めから考慮に入れないと、「変えないほうが良かった」と、間違った結論に達しかねない。これによって早期に途絶した正しい改革の実例は、数限りない。

それではどうすればいいのか。

第一段階は、同じ品目を、従来の分類と、新しい用途別の分類との二か所に置くことである。とりわけ購買頻度の高い消耗品の場合は、不可欠な過渡的対策である。売場面積が一定である以上、やりにくいことは確かだが、
① シーゾナブル・アイテムの陳列が少ない時期を選ぶ
② 近くの売場の死に筋を退治
という手続きで、それを可能にしなければならない。

売場を二か所に分けたときの留意点は、新しい分類に重点を置くことである。つまり、こちらのほうは本来あるべきフェイシング数を確保しなければならない。一定のボリュームがなければお客の目にとまらないし、正しい実験データも得られないからだ。

一方、従来の分類にあった同じ品種中、
① 品目数
② それぞれのフェイシング数
は、減らさねばならない。品目数は三品目以下に、フェイシング数は一または二とし、そこに、
③ 同時にＰＯＰ広告

で、「○○売場に同じ商品があります」と知らせることが、原則なのである。

変更の第二段階

第二段階は、従来の分類から商品を取り除き、ＰＯＰ広告だけを残す。それまでにお客は新しい分類に慣れてきているから、抵抗は少ないはずである。

第一段階から第二段階に移行するときをいつにするかは、それぞれの売場からの商品の売行きを目安にする。そのためにこの期間だけは、毎日棚卸しの特別作業割当てが必要になる。レジ段階では、どちらの売場にあった商品なのか区別がつかないからである。

品種によっては、第二段階からスタートしてもよいものがある。新製品がどっと増えた品種、あるいは大型の商品群の時だ。いずれの場合でも、ＰＯＰ広告がお客の立場から見て、

①　目立ちやすく

②　説明文がわかりやすい

ことが、条件である。

もともとこうした売場変更は、一店で実験を繰り返して、これが良いとの結論が出てから、三店に拡大し、そこで初めて全店で標準化するべきことである。しかし、実験期間設定があいまいで、実験に延々と半年もかけるのでは意味がない。

これとは別に、本来まったく同じ商品が、二つの異なる分類の売場に陳列される場合がある。たとえばダニ取り剤で、カーペットや畳にスプレーして、その後掃除機で吸い取る方式のものがあるが、この商品は薬剤売場のダニ関係の商品としても、掃除用品としても分類されるものだ。

しかしわが国では、企業の大幹部ほど、この同一品目の二か所あるいは三か所配置という方法を嫌がるものである。一か所集中は、数十年も昔、たった一つの用途向けの品目しか存在しなかった時代の、しかも売場が狭すぎたときのやむをえない原則だったものである。

だから、このへんで扱い商品をもう一度、陳列台一台ごとに全面的に検討し直して、どの売場にあることがお客にとって最も便利なのか、または複数の売場で扱うべきなのか見つけ出す努力が必要である。

デプスとウイス

売場の分類変更の際に熟慮すべきポイントは、品揃えの努力テーマである「デプス（depth）」と「ウイス（width）」と売場面積との関係である。

デプスは直訳すれば〝深さ〟であるが、品揃えが、特に人気のある部分について集中して、

① まず重複ではない異なる特徴を備えた品目数が多いこと

である。売れ筋品種のなかで、わが社のプライス・ポイント周辺に品目数が集中して選択肢がとくに多いということだ。次に、

② 他のより多くの品種はそれぞれの品目数が比較的少ないことによって、①が目立つことになる。それに加えて、

③ 特定の人気品目についてはとくに陳列量が多い状態

である。品種ごとに売れ筋の少数の品目は陳列量が過大で、その他の過半数の品目の陳列量が過小なことである。以上の三つの条件が揃うことがデプスである。

たとえば万能でどこの家庭でも毎日何度も使う小型と中型の片手鍋、やや大型の両手鍋は、わが社のプライス・ポイントに集中して品目数が多い状態であることだ。PB、SBもあり、二流のNBもローカル・ブランドもいろいろ揃っている。一流NBは売価がやや上になるが（商品構成グラフでは右寄り）、これも揃っている。しかし、それもわが社が決めた価格政策の枠内に限られ、高価なギフト用の鍋はこれに含まれない。さらに売れ筋の品目はフェイシング数が他の三倍もあり、陳列量は圧倒的に多いことになる。

一方でシチュー用の厚手鍋、蒸し器、土鍋、すき焼き鍋や多人数用の大型の鍋などは、使用頻度が少なかったり使用客層が限られていたりで、客数の少ない品種である。それらの品種内の品目数は少数に限定してしまう。ものによっては一品目と

いう場合もあるのだ。お客にとって選択の余地はなくても、ともかく用は足りることになる。

このように客数の多い、つまり販売量の多い商品と少ない商品とを厳しく区別して、品目数にも陳列数にも、ひと目でわかるように強弱をつけて陳列するのが、チェーンストアのあるべき品揃えである。

まずは、デプスがお客の人気を左右する。

次に品揃えの完成度を高める要素がウイスである。同時に使うものが揃っていて、その商品群がトータル・コーディネートすること。デプスがあってそのあとで初めて、ウイスの効果が生まれてくるのである。

たとえば先述の鍋を例に挙げると、八割の家庭でいつも使われている鍋は、売場に揃っていなければならない。逆にいえば、特殊な人しか使わない真鍮の鍋はチェーンストアでは扱わない。鍋を使うときに同時に使う蓋、落とし蓋、鍋敷き、鍋つかみ、たまじゃくし、鍋の蓋の取替え用つまみなども、そしてキッチンで鍋を収納するためのジグも同じ分類の同一売場に入っていなければならない。そして同じ分類内の品目は、色とスタイルが統一されている。ここまでが、ウイスの課題である。

ウイスとは、品揃えの広がりという意味だ。その本質は、特定の用途つまりTPOSやルックについて、同時に使う品種がすべてそこで間に合うこと。そこに集ま

図２-１　商品構成グラフの読み取り方

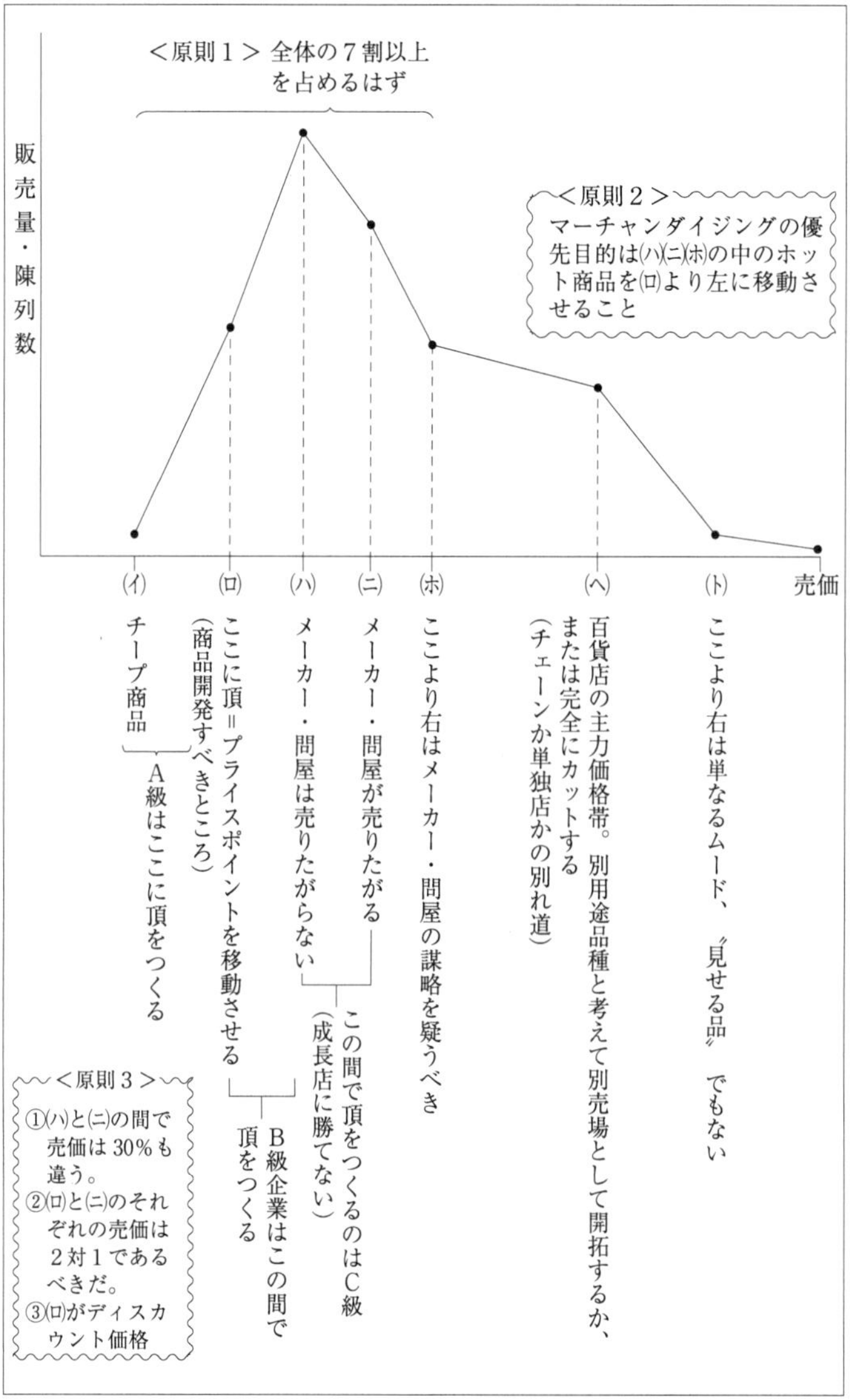

＜原則１＞全体の７割以上を占めるはず
販売量・陳列数
＜原則２＞
マーチャンダイジングの優先目的は(ハ)(ニ)(ホ)の中のホット商品を(ロ)より左に移動させること
(イ)
(ロ)
(ハ)
(ニ)
(ホ)
(ヘ)
(ト)
売価
チープ商品
A級はここに頂をつくる
ここに頂＝プライスポイントを移動させる
(商品開発すべきところ)
メーカー・問屋は売りたがらない
メーカー・問屋が売りたがる
この間で頂をつくるのはC級
(成長店に勝てない)
B級企業はこの間で頂をつくる
ここより右はメーカー・問屋の謀略を疑うべき
百貨店の主力価格帯。別用途品種と考えて別売場として開拓するか、または完全にカットする
(チェーンか単独店かの別れ道)
ここより右は単なるムード、〝見せる品〟でもない
＜原則３＞
①(ハ)と(ニ)の間で売価は30％も違う。
②(ロ)と(ニ)のそれぞれの売価は２対１であるべきだ。
③(ロ)がディスカウント価格

ったどの品種も、使用頻度と購買頻度、さらに必要商圏人口が似通っており、お客が通常同時に組み合わせて買い物するはずの品揃えのことである。

この場合、同時に使う品種とは何と何か、しばしば触れてきたが、アメリカのチェーンストア用語ではは品揃えのウイスと表現している。

以上がウイスの第一段階だ。次に第二段階は、その商品群の色とスタイルとが調和していることである。つまり第一段階は使い勝手のコーディネーションであり、第二段階は色や形のコーディネーションなのである。

デプスの強弱

デプスに強弱をつける理由は単に、死に筋在庫を増やしたくないという、店側の都合だけではない。実はお客にとっても便利なのだ。

たとえば客層が広く、使用頻度の高い、つまりキッチンをもつだれもが使う、万能の中型片手鍋なら、種類の多いほうが良い。価格ライン（値段の種類）も三段階くらいあってよい。お客それぞれの使い勝手で選べるからだ。

しかし、そのなかでも最も品目が集中しているのは、わが社のあらかじめ設定したプライス・ポイントでなければならないのだ。全価格ラインに平均して品目数が分布していることが便利なわけでも、決して豊富なわけでもないのである。

朝、昼、晩と毎日料理をする専業主婦なら、高い価格ラインでも堅牢な一流NB

図2-2　Price Imageづくりの巧拙

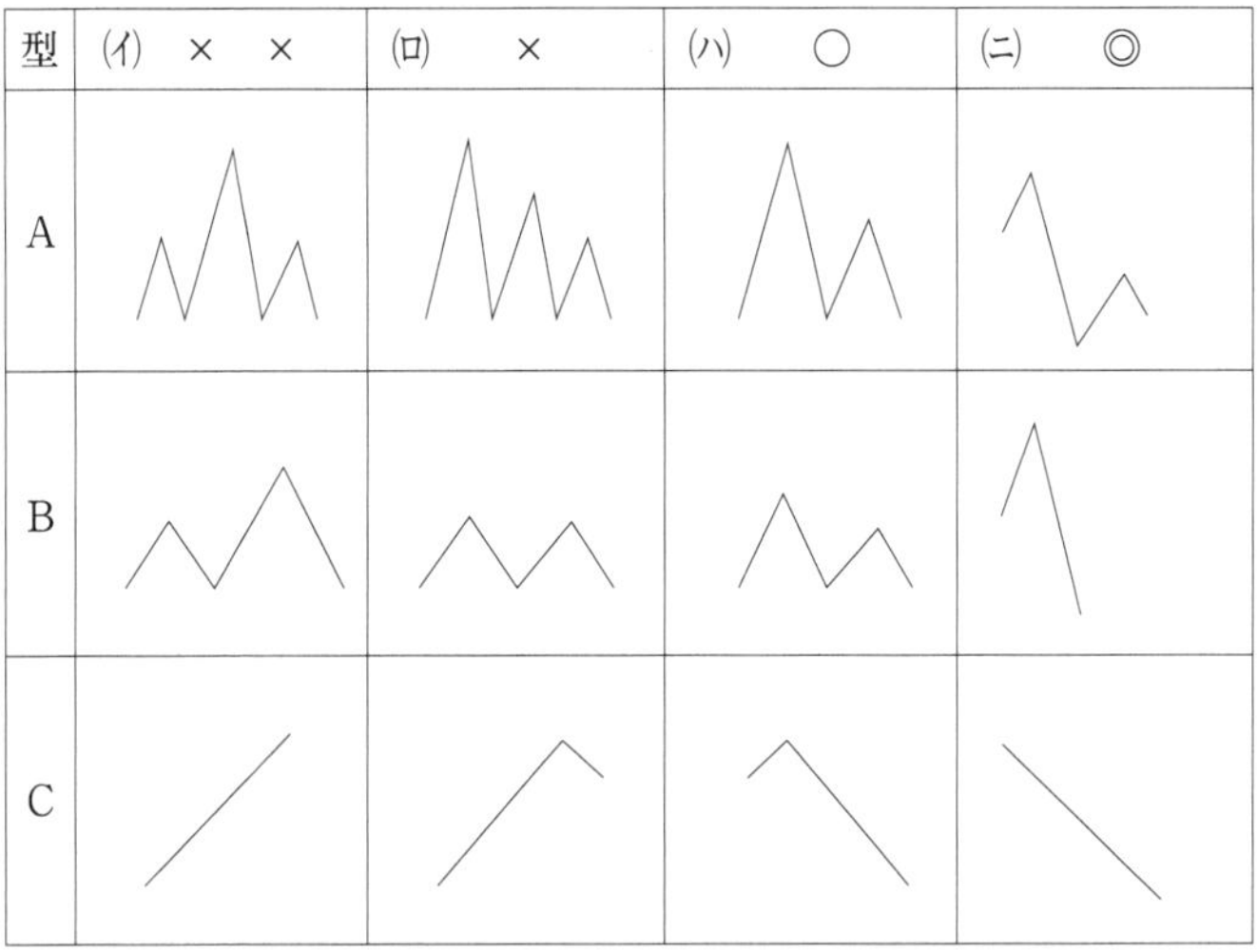

急所　①　どこよりも安い品があっても価格帯が広がると値が高いイメージとなる

②　陳列量が最大のPriceがイメージとして強烈となる

③　Price Line（売価の種類数）が多いとプライス・イメージは稀薄となる

※④　**いくら割引価格で売っても、高額品はやはり高額**

商品を買うだろう。毎日料理をしても鍋を磨きあげることの嫌いな主婦なら、汚くなったらすぐに買い替えるために、気軽に買える中間の価格ラインの商品を選ぶかもしれない。キッチンがあってもたまにラーメンをつくるだけの独身サラリーマンなら、いちばん安いものでこと足りる。

このように、それぞれの使用目的や動機に合わせて価格ラインが選べて、しかもそれぞれの価格ラインのなかに比較購買できる品目が三品目はあることが、お客にとっての便利さなのである。この場合のポイントは同一価格であることだ。価格が大幅に違えば比較の対象になりえないし、少しずつ値段が違えば今度はどこがどう違うのか、はっきりわからないことが、客を迷わせるロングタイム・ショッピングにつながって苦痛を与える原因になるものだ。

もちろん、それぞれの品目の陳列量は、売行きによって大幅に変化させる。売れ筋に品切れを起こさない対策であり、同時に死に筋在庫を減らすことになるわけだが、デプスによってお客にどれが売れ筋か知らせることも大きな目的である。お客がその商品を買うにしても、ほかの商品を選ぶにしても、一つの目安になることは確かである。

店側にとってさらなる効用は、特定の品目を大量に取り扱うことによって、メーカーと有利な条件で取引ができることである。もちろん、売場のプレゼンテーションにおける迫力演出ができるから、集視効果は絶大である。

次に使用頻度、購買頻度が低く、購買客層が限られている商品については、品目数が限られているほうがお客にとって買いやすい。

たとえばすき焼き鍋を買いに来たお客にとって、その種類がたくさんあることがかえって迷う原因となる。毎日使うアルミ鍋と違って、たまにしか使わない鉄のすき焼き鍋は、おおげさでなく一生もつ。

だから一度買ったら多くの人は二度とは買わないことになる。使い勝手の経験法則もないから、いろいろあっても選択の決め手になる要素がないためだ。こうした場合、値段が安ければ家族の人数による大きさの種類だけでもよいことになる。

とにかく、迷うのは嫌なことである。苦痛であり、時間もかかる。だれも、たかが物を買うだけのために迷いたくないのだ。迷う原因は、

① 値段が高い
② 値段の高いものとその半分以下のものが隣接している
③ 価格ラインが少しずつ違うだけで無数にある
④ 同じ値段で異なる品目と比較できないから、ほかの店に行けばもっといいものがあるのではと、不安が起こってくる
⑤ フェイシングと陳列量がみな同じで強弱がない

などである。これら迷いの要素は、取り除かれねばならないのだ。

こうなると、分類変更とデプス、ウイスの実現に伴い、これまでの売場面積や陳列台の数が増えていくことになる。その点でもう一度アメリカのチェーンを見てみると、どの部門も日本の現状より広い面積になっていることに気づくのである。

部門の切り捨て

そこで新しく、売場面積の適正規模をどう考えるかという問題が起こってくる。

理由は、新店でもないかぎりすでに店の広さが決まっているためである。いや、たとえ新店だとしても人が歩ける範囲には限りがあるから、やはり売場面積は限定されてしまう。

そこで多くの企業が陥りやすい間違いは、店舗の全体の面積に合わせて一定の割合で、あらゆる部門に売場を割り当てる方式である。つまり、比例的拡大または縮小だ。たとえば、二、〇〇〇坪の店ではA部門は二〇〇坪の売場を、そして一、〇〇〇坪の店では一〇〇坪を確保する、といった具合である。

そうなると、A部門の品揃えは二、〇〇〇坪の店では水増しになり、一、〇〇〇坪の店では必要な品目が揃わないことになる。

この場合の正しい対策は二つある。第一に品揃えを一品種ごとに、さらに一品目ごとに検討し、算出した部門ごとの必要売場面積が入りきらなければ、その部門そ

図２－３　売場の適正規模の解釈

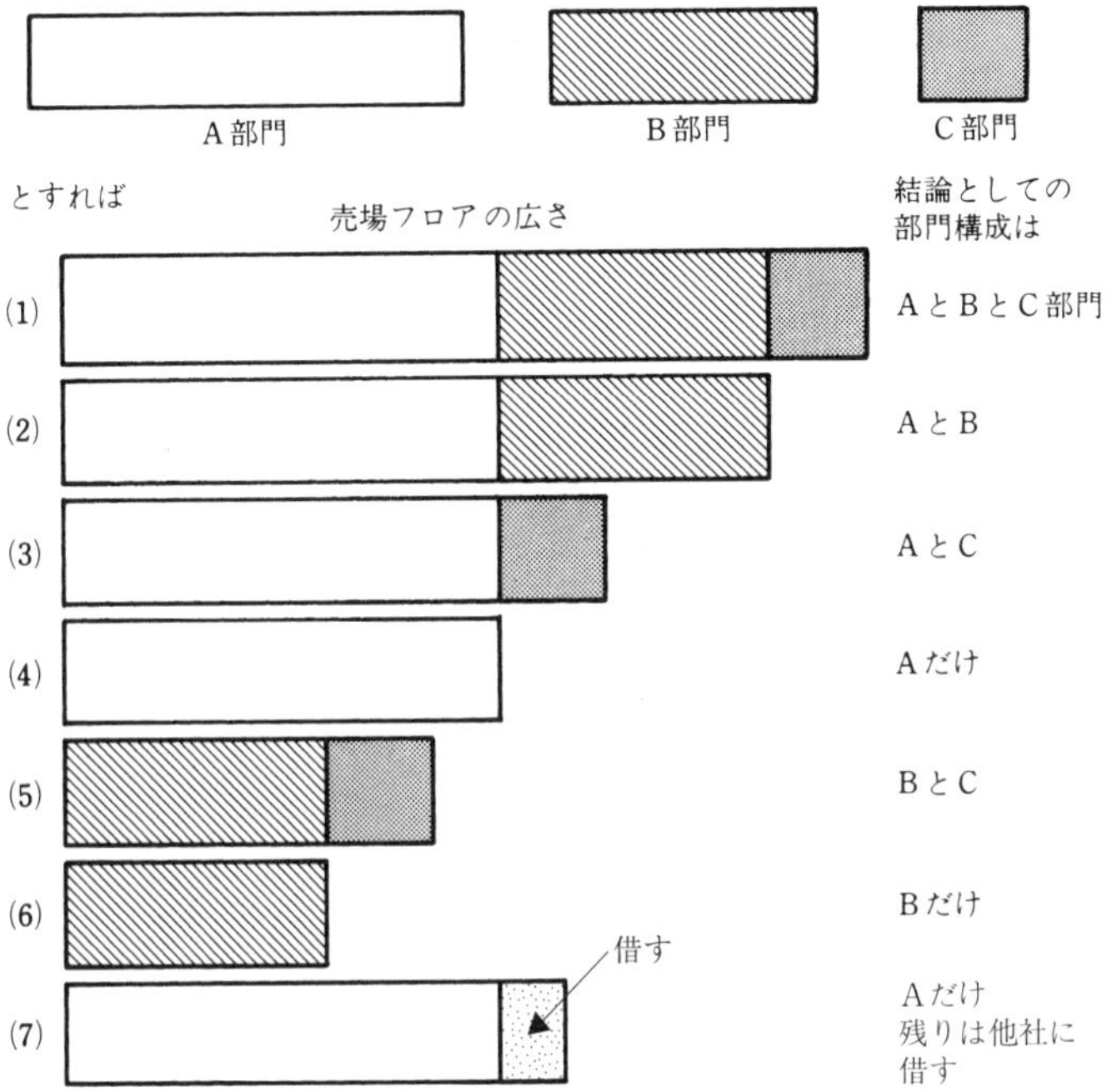

〔出所〕 渥美俊一著『商品構成』50ページ

のものを切り捨てることである。一部門ごとの必要売場面積が入りきらなければ、その部門ごとの面積は決して縮小せずに、あらかじめ想定した商圏人口や来店頻度に合わせて、部門ごとに優先順位をつけていき、優先部門だけで構成された売場にする方式である。

たとえばX店のソフト・グッズは、婦人服と紳士服と、子供服とベビーと、肌着部門とで構成されているが、Y店のソフトはベビーと肌着部門だけである。この場合、X店は大商圏店で、Y店は小商圏店である。

もともとチェーンストアの店づくりは標準化が原則だから、一店ごとに面積がまちまちということ自体がおかしいのだ。そこで大部門構成にもX型、Y型、Z型とそれぞれ二～三種類の標準型ができるのである。

大原則は、部門は減らしても、品種を減らしてはいけないということである。日本では、部門数が同じで品種が減らされることが多いのだ。

高プライス・ラインの削除

第二の対策は、部門ごとにプライス・ライン（売価の種類）を高いほうから削除するやり方である。

たとえばセーターのプライス・ラインが一、九〇〇円、二、九〇〇円、三、九〇〇円、五、九〇〇円と四つあった場合、X店ではこのすべてのプライス・ラインを扱うが、Y店では五、九〇〇〇円をカットして残りの三つのラインを残す。Z店では一、九〇〇〇円と二、九〇〇〇円だけを扱う、といった具合にプライス・レンジ（売価の上限と下限の幅）を狭めるのである。

これに反して面積縮小に伴い、プライス・ラインの数とプライス・レンジの幅はそのままで品種を削ると、必要な品揃えが実現できないだけでなく、プライス・ラインの高いほうだけが目立って逆効果になってしまうのだ。

次に面積を広げるときは、もっと高いプライス・ラインの品種が持ち込まれることが続発している。それらはいずれ死に筋在庫になるに違いないし、お客は値上げした店という印象をもってしまうのである。

店の大きさが異なる場合、部門ごとにこの第一方式を取ってそのまま残すか切り捨ててしまうか、または第二方式によってプライス・ラインを削って売場を縮小するか決めることだ。いずれにしても最終的には、品揃えの標準であるX型、Y型、Z型の決定に結びつかなければならない。この標準化多店化には不可欠な条件である。

以上述べた売場分類の変更は、同質競合のなかで、わが社のマーチャンダイジング活動を差別化する要素にほかならない。この変更は、慎重に進めねばならない。

3

売場づくりの実際

1　買いやすい売場づくりの原則

店舗内のどの位置に、どの商品部門の売場を割り当てるか、その原則は、企業ごとに何をよりベーシックと考えるかによって、独自の法則を確立する必要がある。

一定の法則に従って売場のレイアウトができていれば、店側にとって標準化がしやすいだけでなく、部門別管理が容易になる。もちろん、お客にとってもどこに何があるかわかりやすく、買物がしやすくなるのだ。

その時の条件は五つある。まず第一にお客が目的買いにくる売場（チェーンストアでは核売場という）は左図のように主通路沿いで、食品の場合は壁面、非食品の場合は店の四隅に割り当てる。これらの商品を買いにきたお客はその商品がどこにあろうと探してたどり着いてくれるから、目立つ売場を割り当てる必要はない。それに加えて、店側としてはなるべくお客が売場をより広く、通路をより長く歩いてくれることが望ましいからだ。

第二に、クリアランス（残品処分）売場には最も目立たない場所を割り当てる。総合店の場合は主通路沿いの内側、専門店だと壁面沿いである。

もともと残り物だから一品目ごとの数量がまとまらず、用途や色やスタイルもま

図3-1　核売場の配置

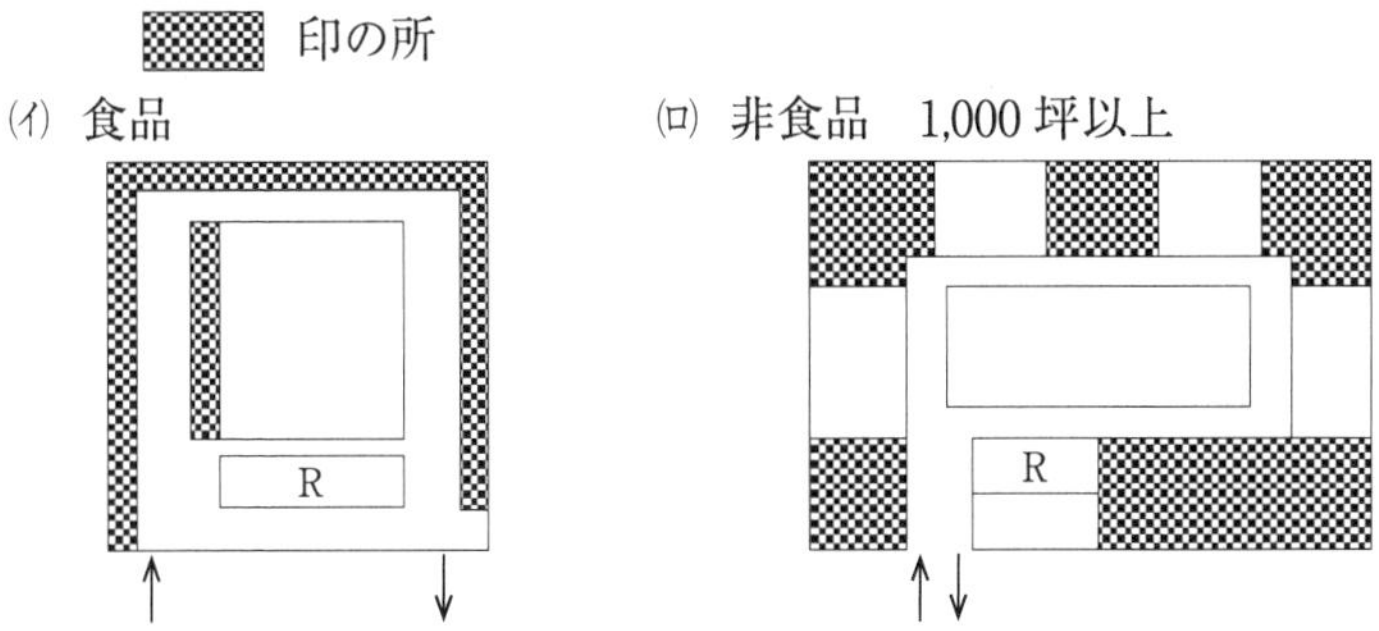

ちまちのものが入り混じり、どうしても雑然とした売場に見えてしまう。そこで、目立つ場所や他の商品と関連する場所にはもってきたくないのである（詳しくは、280ページ「クリアランスの実行」を参照）。

それでもバーゲンハンターは気付いてくれるものである。

第三に、関連する商品群同士は隣り合せにするか、通路を隔てて向い合せにする。しかし、決して陳列器具を隔てて背中合せにしてはいけない。しばしば日本ではこの間違いが起こっているが、それでは通路に立ったお客からせっかくの関連商品群が見えないのである。

見通しの確保

第四に、売場の見通しがよいことが不可欠である。主通路またはショッピング・センター（SC）のモール、もしくは道路から真っすぐ奥まで見通せる通路が通っていることだ。

ところが実際には、陳列器具が邪魔していることが多い。奥が見通せないと、それだけでお客は売場に入って来にくくなる。

そのうえ、せっかくの売場が実際よりも狭く見えてしまうことも欠点である。

第五に、死角をつくらないことも大切だ。人時生産性を上げるために、売場は最少限の人数で管理すべきである。管理する側から見ても死角のない、遠くからでも見渡せる売場が、それを可能にするのである。

そのためにも、通路はすべて直線でかつ平坦でなければならない。蛇行型や八角形、六角形が変化があってよいというのは、きわめて個人的な思いつきにすぎないのだ。

他方、背の高い陳列器具も、この見通しを悪くする一因になりやすい。背の高い陳列器具は、壁面以外に使ってはいけないのである。視野をさえぎるほかに、先の場合と同様に売場を狭苦しいものにするからだ。

となると、柱が通路にはみ出していてもいけない。もしそうなっているのなら、通路の位置を変更することで問題を解決すべきである。

日本で時々見かけるのだが、売場の真ん中に太い柱が通っている。それだけではなく、その太い柱の回りに天井まで、ところ狭しと商品を張り付けている様子である。これでは、ただあるだけでも邪魔な柱を、よけいに目立たせるだけである。せめて目立たない色にして、同時に何も飾らないことだ。お客が柱を意識すること自体が、売場づくりとして間違いなのである。

店の顔

天井からの特売のビラや季節の造花などの装飾品の吊り下げも、店内の見通しを妨げる要因となる。とくに天井の低い店なら、絶対にしてはならないことだ。

見通しがよく、広々とした感じの売場は、見通しが悪くて狭苦しい売場に比べてはるかにお客のイメージがよく、歩きやすくなるから買物がしやすくなる。結果として効率が良いものだ。

ところが、いろいろたくさんの異なった品種を、通路も見通せなくなるほどに、ところ狭しと陳列することが、品揃えの豊富さを示すものだ、あるいは売場のムードをにぎやかにするものだと信じている企業が、いまだに少なくないのである。

売場は全体としても、部分としても見通しをよくしてこそ、そこに何があるのかお客に知らせることができる。広々としているからこそ、品揃えが充実しているとお客に信じさせることができるのである。

次の手順は、ＴＰＯＳごとに分類した商品群を、売場内にどのように配置するか決めることだ。陳列器具の位置も、それによって確定する。

まず主通路の入口という最も目立つ位置に置く商品は、お客が売場内に入ってくるきっかけとなるものである。専門店ならお客に、ショッピング・センターのモールや道路から店内に入ってみたい、という気にさせるものである。

その、いわば〝売場の顔〟に不可欠な条件は、お客の目を一挙にひきつけられることである。だから、そこに陳列されるべき商品は、

① ホット商品
② 季節の必需品
③ 新入荷商品

である。そしてそれぞれは、気軽に買える売価であることだ。そのために商品を最も目立つようにするための、特殊な陳列器具やステージやマネキンを活用するのである。

もう一つ、中央ではないが主通路沿いに陳列すべき品目には、販売実験用の商品も含まれる。目立つ位置だからこそ、短時間で売行きの見通しをつけたい商品の試験販売には、もってこいなのである（詳しくは第3章3節参照）。

日本の店では、この最も重要な売場に特価台を置いて、ジャンブル陳列（残品のごちゃまぜ陳列）をしているのを、しばしば見かける。お客の目をひくつもりであろうが、このやり方では、お客がたとえその特価台に寄り付いたとしても、そこでおしまいで、奥までは入ってこないのである。

そのうえ、特価台だけが浮き上がっていて、回りの商品との関連がない。しかも売場全体が雑然と安っぽく見えるだけで、かえって逆効果なのである。

第三ウインドー

アパレル専門店リミテッド系のチェーンは、この出入口周辺の売場を「第三ウインドー」と呼んで、最も重要な売場としている。したがって左右のショーウインドーの場合と同様、同社は「第三ウインドー」に配置する商品を慎重に選択し、プレゼンテーションの技術を集約する。そうすることで、広告宣伝活動なしで新しいファッションを効果的に示し、お客を店内に誘導するのである。

次に販売する商品の種類によっては、この位置にショーウインドーがあったり、マネキンやステージなどの、そこに陳列する商品を際立たせる役割をもった設備を用意する。

そこで重要なのは、この位置に、売場内にある商品を少しずついろいろ並べるやり方をとってはならない、ということである。日本ではまだ、この間違った方法をとっている店が少なくないのだ。

そうしてはならない理由は、この方法ではお客の目を奪うことが不可能だからだ。店側の主張は、お客が一瞥しただけでわかるボリュームのあるものでなければ、効果がないものである。

たとえばマネキンを三体並べる場合、日本の店で時々見かけるように、まったく違うスタイルの別々の色の服を、それぞれのマネキンに着せるのは間違いである。三体ともに同じスタイルの服を着せ、組合せと色を変化させるとか、色を統一してスタイルだけを変化させるなど、前者はスタイル、後者は色と、主張すべき商品の特徴が大きな塊としてお客の目を奪うようにするのが先決である。

売場内レイアウトが決まったら、一品目ずつ商品を陳列することになる。ここでも、お客にとって買物がしやすい売場をつくるために、並べ方の原則を確立しておかねばならない。

商品陳列の原則

商品には、サイズ違いと色違いがある。そこで、これらの区別がお客にはっきりわかるように、商品陳列の公式（左右の関係と上下の関係）を確立し、それに基づいて売場で商品を並べるのである。

最初に人の目に入る、最もわかりやすいものは色である。そこで一つの方法は、中分類までした商品群を、小分類に入るときにまず色で区分けする。次に、原色と中間色に分ける。この二つを混ぜて並べると中間色が負けてしまって、きれいに見えなくなるからである。

その後、それぞれのグループの色を色相の環に従って、つまり赤、オレンジ、黄、緑というように順番を決めるか、色数が少ない場合は並べてみて、多くの人が美しいと思う順番を決めていくのである。

実際に商品を陳列するときには、これらの色が縦縞になるように並べていくのが原則である。なぜなら、人間の視野の関係で横縞より縦縞のほうが人の目に明確に焼きつくからである。アメリカのスーパーマーケットの青果売場を見たことのある人なら、あのみごとな縦縞陳列が印象に残っているはずである。

ただし、葉菜、根菜、家電などの色数の少ない特殊な商品部門では、目立つ色だけを、たとえばニンジンや赤ピーマンなどを、わざとアクセントとして葉菜の中途に置く方法がとられる。家電では、目立つ色のパッケージが使われる。注目率を高めるためである。

次はサイズである。大、中、小など大きいほうから小さいほうへ、またはその逆の方向へと、今度は横の段ごとに位置を決めていくのである。たとえばいちばん上の段に小、真ん中が中、いちばん下が大というふうに。

商品の分類

ここで、バスタオルを例に挙げて考えてみよう。まず大分類のＴＰＯＳでは「風呂に入るとき、浴室で、家族が使うもの」という分類がある。同じタオルでも、これがキッチン・タオルなら台所用品に分類されるところである。

中分類では、浴用タオルに分類される。その分類にはバスタオルだけでなく、顔拭き用のフェイス（ハンド）タオルや体を洗うためのウォッシュ・クロスもあるだろう。さらにバスタオルにも、違ったサイズがある。

これらの商品はそれぞれ用途は違うが、同時に浴室で使うものだから、色や柄を揃えたほうが毎日の暮らしが楽しくなるものである。

だから浴用タオルのすべてを、色と柄の揃ったものごとにまず分類し、そのあとでその色・柄を並べる順番は、前述した法則に従って決めるのである。それによって、店側がお客にコーディネーションの提案をすることにもなるのだ。

今度はその色ごとに、タオルのサイズ別の陳列位置を決める。大型バスタオルはいちばん下の段、その上が小型バスタオル、またその上がフェイス（ハンド）タオルというように、棚を割り当てる。その結果、色は縦につながり、サイズは横につながることになる。

このように、つきつめた一定の法則に従って陳列すれば、お客にとって品選びがしやすくなる。フェイスタオルを買いにきたお客が一度棚を見れば、どの色についてもフェイスタオルの置いてある棚の高さが同じだから、品選びが簡単になる。それと同時に、店側にとっては商品管理がしやすくなる。

色を一つ決めれば、ついでにほかのサイズ、ほかの目的の品も、同色で揃えようという気にもなるものだ。その場合は、棚の上下に商品が揃っているのである。

衣料品を例にとると、ＴＰＯＳ分類した後の中分類は、コーディネーションが分類の基準となる。コーディネートする同士、つまりルックや使われている色が統一されていて、組み合せて着ることができる商品を、統合するのである。

そのそれぞれの分類は、試験販売用の少量のものはTスタンド一台分だったり、量の多い分類になると、壁面の棚とパイプラック、その前のラウンドラックとTスタンド数台と、合わせて計八～一〇坪にもなる。

いずれの場合にも、スタイルごとに色別、サイズ別、またはサイズ別、色別という順序に分類して、法則に従って陳列する。その時の色の順番は、前述した条件を目安に、複数の人が討論して決めるべきであろう。そうして、いちばん美しく見える順序にすればよいのだ。

サイズは、左のほうに進むにつれて、あるいは右になるにつれて大きくなるなど、法則性が必要である。それがお客にとっても、売場の従業員にとっても、わかりやすくなるポイントである。

2　商品プレゼンテーションの基本

プレゼンテーション（演出）とは、商品の値打ちをお客に対して効果的に訴えることによって、商品に自己主張させることである。

商品の値打ちを主張

そうすることにより磁石効果を発揮させて、お客を商品にひきつけ、それを買ってもらうわけだが、もう一つ大事な第二の目的は、売場内を誘導する役目を果たさせることである。

だからといって、問屋からなんとなく仕入れた商品を技巧を凝らして陳列するという、単なる販売促進策のことではない。「自己主張する」という以上は、本来、他店では手に入らない、わが社だけの独自の値打ちをもつ、自信のある商品を「演出」することが、あるべきかたちである。

当然にそれは、ストア・ブランド（SB）商品、あるいはプライベート・ブランド（PB）商品ということになる。

しかし問屋仕入れに依存するだけで、まだ商品開発には着手していない企業の場合は、仕入れた商品のなかで特徴の際立つものについて、まずその商品の良さを主張するのが、ここでいう「演出」である。

また今後、商品部が強力化し、商品開発ができるようになったときのためにも、今からプレゼンテーション技術を磨いていく必要があるだろう。

さて、そこで商品の値打ちを表現するということになると、その前段階として、買う立場に立ったとき、その商品のどこが優れているのかを具体的に検討する作業が開始されなければならない。お客がその商品を買うとしたら、それがもっているどの特徴に共鳴し感動する「はずなのか」を、明確にすることである。

実は、こう考えたときに、本当はそういうことを一度も検討したことがなかったことに多くの店は気づくはずである。それでは、「演出」はできない。たとえば、お客が新しいスーツケースを買うとき、その商品の軽さに感動して買うはずだと推定できるのなら、その特徴こそ強調すべき演出のポイントである。

セーターなら、その特徴は襟の形なのか、シルエットなのか、それとも色なのか。たとえば、その黄色がファッション・カラーであることが特徴なら、売場では襟の形でもシルエットでもなく、「色」がお客にアピールするポイントとして演出されねばならないわけである。

いろいろな種類の、似たようなスーツケースが売場にたくさん並んでいる中で、そのスーツケースが軽さの点で、隣に並んでいる商品とまるっきり違うということが一目でわかるようになっているのが、演出、つまりアメリカのチェーンストアでいうプレゼンテーションである。そうでなくては、買う立場に立った選びやすい売場づくりとはいえないのだ。

せっかくのファッション・カラーなのに、他の色に紛れてしまった陳列でお客が一目でそれと認識できない状態では、プレゼンテーションの意味がない（もっとも、アメリカのアパレル・チェーンの場合、店内のほとんどの商品がファッション・カラーなので、とくにホットな色だけを目立たせることがプレゼンテーションと考えられている）。

プレゼンテーションの手順としては、強調すべき商品の値打ちを明確にしてから、次はそれを効果的に、そして一目でわかるように、お客に知らせるためのプレゼンテーション技術を駆使する。商品そのものに、いかに自己主張させるか、という技術である。

売場の主役

まず忘れてはならないのは、売場の主役は商品であるということだ。陳列器具でもなければ、マネキン人形でもない。

ところが商品はそっちのけで、店の内装に膨大な投資をしたり、高価な什器や、商品でもない装飾品で、売場を飾りたてることが、売上げの増加には不可欠であると信じ込んでいる店が、日本では大部分なのである。

赤や黄色といった特別に際立つ色彩のＰＯＰ広告を、ところ狭しと天井からぶら下げるのも、商品特性を無視している証拠である。季節感を表現するとは、桜の花や紅葉の葉の造花をショーウインドーに飾ることだ、と思い込んでいる店も少なくない。

商品そのもので季節がはっきりとわかること。それが商業の世界におけるプレゼンテーション技術なのだ。自らチェーンストアだと名のりながらも、わが国では、本当のところ何を売りたいのかわからない店がどんどん増えている。だから、よけいなPOP広告や装飾品で、せっかくの商品を隠してしまっているわけで、本末転倒なのである。

商品の値段が割安かどうかは、お客自身が決めることである。お客が商品と値札を見れば一目でわかることだ。安い、安いと書くことも、まったくむだなことである。それよりも、お客が一目でその商品の値段がわかるよう、はっきりと表示することのほうがより重要なのである。特売なら、特売用の売価表示にだけ使う特別なカードを用意すべきである。

季節感を商品そのもので表現するということは、それぞれの商品部門内で、その季節にとくに需要の多い商品を、売場の目立つ位置に一品大量陳列することを意味している。お客にとっては、それで十分に季節がわかるのだ。この場合の「大量」とは、普通の陳列量の十倍以上であることが望ましい条件なのである。

内装と照明

主役が商品であるとすると、売場は舞台である。売場にある他のものが商品以上に目立つことがあってはいけない。内装や什器などの商品の周辺を囲むものは、商品を引き立てる性格のものでなければならないのだ。

壁面や床に真っ白な色を使うのがこのところはやっているが、これでは壁や床のほうがギラついて、商品より先に目に飛び込んでくる。しかも、ひやっとした冷たい感じさえして、まことに居心地の悪いものである。

フォーマットや扱い品種でも少しずつ違うとはいえ、いずれにしても店の内装に使用する色は、どんな商品の色にも調和し、しかも四季を通じて違和感のない中間色を使うべきことを、欧米のチェーンは教えている。

他方、陳列器具などの什器に金属やガラスを多用すると、これも反射して商品より目立ってしまう。金属製のラックやゴンドラですらも塗装してあることが、主流なのだ。

照明も、明るすぎるのは逆効果である。フォーマットによって適切なルックス値は異なるが、いずれの場合も明るくすればするほど商品が見やすくなると考えるのは、素人の錯覚である。

明るすぎると光が反射して目にまぶしいだけで、かえって商品が見えにくくなる。したがってフォーマットによっては、間接照明を部分的に採用すべきである。日本では蛍光灯をむやみに取り付けているため、床上六〇センチの上を向いた面が、一、〇〇〇ルクスにも達して明るすぎる場合が多い。欧米チェーンは、食品で六〇〇ルクス、非食品で二〇〇ルクスである。

日本の場合、明るすぎるのに加えて、スポットライトを併用しようとするが、スポットライトのほうが負けてしまい、意味がない。やや薄暗いところでスポットを当てるからこそ、その効果が上がるのだ。

可動式什器

一方、陳列器具はすべて可動式でなければならない。主役である商品のプレゼンテーション方法に合わせて、陳列器具の使い方が決まるべきだからだ。陳列器具に商品を合わせるという日本の習慣は、本末転倒なのである。

商品の分類やその分類ごとの売場面積、そしてその時どの部分を強調すべきなのかによって、売場のレイアウトがそのつど決定されるべきである。そして、そのつど使用する陳列器具のスタイルと、その使い方を決めることが、商品部の義務なのである。

商品構成の変更や在庫調整に伴う売場変更に柔軟に対処するためにも、什器や備品は可動式であるべきだとされているのである。この場合の可動式とは、店員が自分で楽に動かせることが不可欠条件である。特別な技術者に来てもらうことが必要だったり、何人もの男手がなければ動かせないのでは意味がない。

アメリカのチェーンでは、このプレゼンテーションの変更作業が営業時間中に行なわれる。それが、一般的なやり方である。女性の作業員が指示書を見ながら一人で楽々とラックを動かし、棚を組み立て直しているのを、しばしば目にするのである。

見やすく触わりやすい条件

さて、お客に商品の値打ちを知らせるには、まずその商品がお客にとって、よく見える状態でなければならない。さらに自分自身で自由に触れることができて初めて、お客はその商品が購買に値するかどうか検討することができる。

ところが商品が箱入りのまま陳列してあったり、畳んだままだったりすると、お客は商品を自由に見ることさえできないことになる。もちろん触れることもできない。商品がショーケースに入っていて、いちいち店員の手が空くのを待って頼まなければ出してもらえない状況も、同じことである。

このような場合、お客が本当はその商品に興味をもっていたとしても、箱に入っているものを黙って出したりしたら店員に叱られそうだし、店員に見せてくれと頼んだら、たとえその商品が気に入らなくても買わされてしまいそうで、うかつに頼めないと警戒して、結局は諦めてしまうのだ。

日本の衣料品売場でもてはやされている陳列形式に、セーターやブラウスを畳んで平台の棚に積み重ねる、というやり方がある。その売場に立っている店員は決まって、「どうぞご自由に広げてご覧ください」と陳列棚に近づいてきたお客に言うのだが、お客にしてみればだいいち面倒だし、加えてその商品に触れたら最後、店員の押付け攻撃にあいそうで不安である。畳んである商品を、ひっくり返して見なければ値段もわからないのだから、もしも高くて買えない値段だったら、店員に言いわけをするのがたいへんだと思ってしまう。

ショーケースに入った商品も、同様の欠点をもっている。高額品やよほど小型の商品など盗難問題を抱えているもの以外は、オープン陳列にするべきである。

箱入りや、袋入りの商品は、そのパッケージから商品を出して、裸にして陳列する。見本だけではなくて、すべての商品がオープン陳列の対象である、と欧米のチェーンストアは割り切っているのである。

見本展示と商品説明

箱から出してしまうと部品がバラバラになる、持帰りにパッケージのままのほうがお客にとって便利だという商品の場合、たとえば家電やハード・グッズや日用雑貨の場合には、見本展示が必要である。

触わりやすい位置、つまり腰の高さに見本を置き、箱入りの持帰り用を見本の下に置く。説明書が必要な場合は目の高さに、だれにでもわかりやすい簡単な文章で行なう。両者とも価格表示は、遠くからでもはっきり認識できるものでなければならないのは当然だ。

アメリカでゼネラル・マーチャンダイズ・ストア（GMS）の最大手、シアーズの店舗見学をした人なら、この陳列方式が強烈な印象として残っているはずだ。

もちろん、同社は独自のマーチャンダイジング活動によって自信のあるPBをどんどん生み出しているのだから、商品自体が自己主張しやすいわけだが、これが、お客が自分で商品を選ぶための最もわかりやすい、便利な方法なのである。

衣料品の場合、商品の正面、つまり見せたいフェイスをお客に見せることが先決である。

そのためにこそ、衣料にはウォーターフォール型の陳列器具がある。それとは別に、手に取ってみる、また試着してみる商品は、ハンガーに掛けて触れやすい状態にしておくべきである。そこで欧米のチェーンストアでは、パイプラックやラウンドラックなどが多用されるのだ。

したがって、マネキンが着ている服やショーウインドー内の商品のように、お客が手にとって見られないものの隣には、必ず同一の自由に触れられる商品を配置することが当り前とされている。日本では、そうした事例が不思議にまれなのである。マネキンがお客の目をひいたとしても、手に取って検討する商品がそばにないのでは、お客のせっかくの興味も、そこで終わってしまうだけである。

お客は、商品を見ることによってその存在を知る。触れることによってその値打ちを理解する。逆にいえば、お客にとって商品が見えにくければ、その存在を知ることはない。また、触れにくければその商品の値打ちを理解する機会はない。だから、お客が商品を自由に取り出したり戻したりできるように、売場では工夫の限りをつくさなければならないのである。

以上は、当り前の話ばかりかもしれない。その当り前を、当然のように着実に実行することが、チェーンストアの行動であり、思想である。しかし実際には、それはほとんど実行されていないのが、日本の実情なのである。

ハイライターとは

売場内で、その時点でとくに強調するべき商品群は、そのほかの商品とはプレゼンテーションの手法を変化させねばならない。特別に目立たせる工夫が必要なのである。

そのために、トータル・コーディネートする品種を組み合せて陳列し、その組合せのすばらしさが、魅力的にお客の目に映るように演出するのである。使う立場にとって、その商品がいかに価値のあるものであるかということを、訴えかけることが目的である。

このトータル・コーディネート・プレゼンテーションの手法を使って目立たせた商品群のことを、アメリカではハイライター（集視陳列）と呼んでいる。磁石売場の設定とエキサイティングな売場づくりには、欠かせないものとされている。

たとえばベッドルーム用品売場なら、同じ柄で同じ色のシーツと枕カバーと布団とベッドカバーとクッションとカーテンとを、実際に部屋で組み合せて使う状態に構成してお客に見せるのである。これは実際にそれらの商品を売っている売場内で行なう。離れていては意味がない。

本物のベッドを使ってモデルルームのようにする場合もあるが、場所をとることだし手数もかかる。特別に場所を設けずに、しかも熟練を必要としない、時間もかからない方法を、アメリカのチェーンは徹底して研究しているから、われわれはそこから学ぶべきであろう。

ハイライターを計画するときに慎重に考慮すべきポイントは、そのための作業をいかに省力化するかである。作業を単純化して、だれにでも簡単に、そしてだれが作業をしても同じ結果が得られることが肝心である。

魅力的なプレゼンテーションを追求するあまり、まるで雑誌のグラビア撮影のコーディネーターになった気分で、どんどん複雑な技巧を凝らしていき、特定の人にしかできないようにしてしまうのでは意味がない。省力化を前提にしたうえで、表現方法を店ごとではなく本部で決定すべきである。

ハイライターの磁石効果

　このハイライターの効果は、まことに絶大である。壁面やTスタンドのいちばん手前に、緑色のブラウスと柄の一色に同じ緑色が入ったプリントのスカートを組み合わせて、ハンガーにかける。それに問題の緑色のほかに、スカートの柄に入っている水色と同色の入ったスカーフを、そのハンガーの首に巻きつける。

　それだけのことで、全体が調和していることがお客にわかる。そしてそのブラウスもスカートもスカーフも、一つひとつ、ばらばらに置いてあるときよりも、それぞれの商品がはるかに魅力的にお客の目に映り、心をとらえるものである。

　ハイライターは組合せ購入を促すだけでなく、コーディネーションのヒントを与えることも狙いの一つである。それを見たお客が組合せ購入せず、そのうちの一品目だけ買うにしても、自信をもって買ってもらえる。どのように、何と組み合わせてその商品を使うのか、ハイライターを見て知ったからである。

　もう一つは、磁石効果を発揮することである。ハイライターはお客の目を奪い、お客をその前までひきつけるパワーをもっている。したがってその配置は、お客が万遍なく売場を歩いてくれるように計算したうえで、決めなければならないのである。

　最後に忘れてならないのは、ハイライターの回りには必ずそれと同じ商品が、客が自由に手に取れる形で陳列されていなければならないことである。せっかく客の目をとらえても、すぐ隣に商品がないのでは単なる徒労である。興味をもったとしても、商品を求めて売場内を探し回ってくれる客は少ないはずだ。
残念なことに日本の店では、しばしば目にする、もったいない現象なのである。

3 磁石売場づくりのコツ

店側はつきつめて考えたことがないかも知れないが、しかし売場構成の大問題はお客の「寄り付き」である。店内で特定の客が寄り付く陳列台は、ごく限られているという問題である。

たいていのお客は店ごとに、つねに買物する売場が決まっている。時には店内を歩く通路と、その順序まで決まってしまっている、という場合も少なくない。だから、せっかく陳列してある商品が、どれだけ優れていたとしても、見過ごされてしまっているわけだ。お客が店に頻繁に通って来ていたとしても、その優れた商品の存在さえ知らずにいることになる。

お客が新聞や雑誌の記事や広告で商品の存在を知り、その品目を目当てにわざわざ店まで買いに来るという例は、これまでのさまざまな調査でごく少数なのである。お客は普通、これこれの目的に合ったものとか、こんな感じのものといった、漠然とした考えで店に商品を探しに来る。

目的がなくても、たまたま目についた商品がお客の必要性に適合したり、あるいは感動を与えた場合も、買うことになるだろう。いずれにしてもお客は商品をじっくり見て、触わって、試してみて、類似商品と比較して、十分検討したあげく、購買の決定を下すのである。

その手順の第一段階は、商品がお客の目に触れるということだ。漠然とした目的をもって商品を探しにきたお客が、それを見つけやすいこと。しかしその前に、もう一段階前の行動が必要である。せっかく来店してくれたお客が、初めから店内をくまなく歩いてくれること、そして当社自慢の商品の前で立ち止まってくれることの二つの行動がいる。

こう言ってしまえば、しごく当り前のことである。ところが、このようにお客を誘導することに、店側は本当に工夫と努力とをしたのであろうか。
① 店内の通路設定
② 売場の配置の仕方
に、研究と討論をつくしているだろうか。アメリカのチェーンストア業界では、その誘導のために配置する商品のことを磁石商品と呼び、売場づくりの原則としているのである。

ここで問題にする磁石とは、お客に店内を万遍なく歩かせるために、商品による心理の誘導が狙いである。その商品でお客をその売場までひきつける、すなわち歩いてきてもらうこと、その前に立ち止まってもらうこと、という効果を狙った手法なのである。

エキサイトメントの演出

この磁石商品の効果は、お客の誘導だけではない。売場のエキサイトメントを演出するという、店にとって不可欠な効果を上げることも見逃せない。逆に、エキサイトメントを表現することでお客をひきつけ、その通路を歩くことを期待するのである。

こうして入店客を店側の思うがままに誘導する方法を、ワンウエイ・コントロール理論という。この場合、用意する磁石売場には四つの種類がある。

初めに主通路の両側をとりまく主力商品売場のグループを、第一磁石という。そのフロアのなかで、客層が広く、とくに消費量の多い、または消費頻度が高い商品がそれに当たる。

食品の場合でいうなら、野菜、果物、デイリー、肉、魚などの生鮮食品である。スーパーマーケットに行ったらだれもが、そのつど、このうちの数品目を必ず買って帰るからである。

衣料品なら、マス・ファッション商品やスポーツウエア（アメリカではふだん着のこと。第2章参照）である。本来、ファッションはだれにとっても興味のあるものだ。一般にスーツやドレスは年間何着も買わないが、シャツやセーターならだれもが頻繁に買い続けるものだ。

加えて第一磁石には、企業独自の買付け力を発揮した、他社にまねのできない強力な核商品が当てられる。ここで、わが社の特徴をお客にアピールするのである。

第一磁石に挟まれた通路を主通路と呼び、入階（入店）客の八割以上が通ることが、あるべきかたちとされている。この数字が小さい時は、チェーン・システムでは第一磁石にある商品が弱すぎるからだと考えるのである。

来店客は、こうして計画的に配置された第一磁石の主力商品にひきつけられながら、自然に店の隅まで歩いてしまうことになる。

次に第二磁石は、通路の突き当りに必ず配置される商品のことだ。その磁石の魅力で通路を歩くお客、立ち止まっているお客、引き返そうとするお客を、店の奥まで誘導する役割を担うものだ。

お客が目的の商品を見つけたり、買う行動にまで至らなくても、通路を逆戻りせずに、とにかくその通路のいちばん奥まで引き込むという吸引力をもった売場を、計画的に作るのである。

その商品の条件は、第一磁石の条件にさらに華やかさと明るさとが必要となる。具体的にいえば、季節感のある商品(シーゾナブル・アイテム)や、ホット商品、ホットになりそうなプレ・ホット商品などである。これらはもともと、人目をひく華やかさをもっているものだ。

アメリカのチェーンでは、この第二磁石売場にビジュアル・プレゼンテーションを行なうことなっている。逆に、この第二磁石を無視して他のところでビジュアル・プレゼンテーションをしても、効果は少ないのである。

この場合、スポットライトで照らし出したり、商品のトータル・コーディネート陳列を演出する。数多くの品種を組み合わせながら、それぞれの色彩が互いに美しく調和する新しい服装や、ダイニング用品の組合せが、通路の奥に見えたら、だれもが思わず近づいてよく見てみたいと感じるに違いない。

一品大量陳列

商品の一品大量陳列も、この第二磁石売場にはもってこいである。マス陳列は、とにかくよく目立つからだ。

これが季節商品なら、なおさらだ。たとえば六月に、扇風機が三十三間堂の仏像のようにズラリと並んでいたり、それが一斉に稼働していたら、その磁石効果は強力なものであろう。服飾品の場合でも、食品の場合でも、まったく同じである。

図3-2　磁石売場の位置

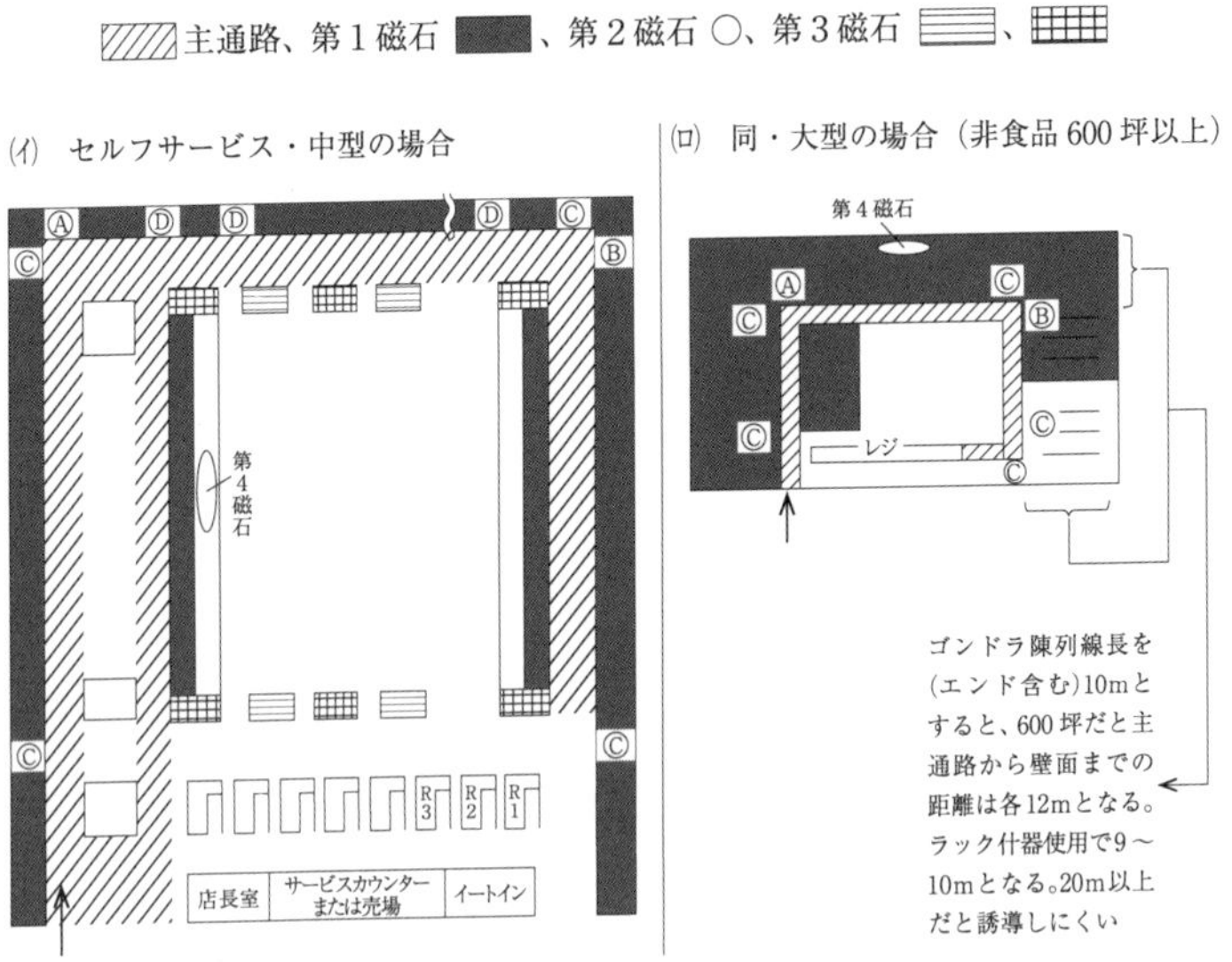

正確に表現すると、この第二磁石のなかにも種類があって、一〇〇坪以上の売場をもつ店では、入口からまっすぐ奥に向かって走る主通路が突き当たるところ、つまり店の奥の最初の主通路の曲がり角にある突き当りは、A型と名づけて最も強力な第二磁石を配置する。

それとL字型に交差する次の奥正面がB型で、他の第二磁石はC型というように、各種の第二磁石売場を設けて、お客が売場内を万遍なく歩くように仕向けている。

日本の現状は、この第二磁石をまるっきり無視した売場づくりがほとんどだ。主通路の突き当りがバックルームへのドアだったり、売場と売場の境目だったりする。

これでは、お客を店の奥まで誘導することなどできるはずがない。

第三磁石とは、陳列線のエンド部分のことである。この売場づくりは、フォーマット（業態類型）によって違ってくる。

アメリカのチェーンの例でいうと、シアーズなどゼネラル・マーチャンダイズ・ストアなら、この第三磁石はわが社が開発したプライベート・ブランド商品の特色を訴求することが内容となる。

それに対して、ウォルマート、ターゲット、Ｋマートを代表とするディスカウント・ストアの場合には、第三磁石はお買得の価格を訴求したものが多い。

つまり、同じ枕をエンド陳列するにしても、シアーズならその商品の使い心地の良さと耐久性を主張した説明ＰＯＰを取り付けるだろう。ところがディスカウント・ストアなら、枕を第三磁石売場に山積みしたうえで、遠くからよく見える大型のプライス・カードで、びっくりするような安さを訴えることだろう。

日本と違って競争の激しいアメリカの小売業界では、同一フォーマット間のみならず、異種フォーマット間の競争にも勝ち残らねばならない。そのために自社の、そしてそのフォーマットの特徴をお客に認めてもらえるよう、とくに磁石売場という形で強調するのである。これが第一の条件である。

二つめの条件は、エンドごとの品目を三つ以内にとどめることだ。少数品目を大量に陳列すると、その商品がなんであろうと遠くからよく目立つものなのだ。

エンドの迫力

このエンドづくりで最も迫力のある売場づくりを実践しているのは、なんといってもアメリカのスーパー・スーパーマーケットである。一品目を立体的に、そしてうず高く積み上げたエンドが、レジ側から見て、あるいは店の奥正面から見て、ずらりと並んでいるありさまは、実に壮観である。

それによって、店内に活気がみなぎる。これは、非食品の売場づくりにも共通の方法なのだ。

しかし本当に大量の在庫をもっているのかというと、そうではない。あげ底陳列(ダミーの利用)や陳列器具や補助具の工夫などで、大量に見えるだけなのだ。ここで本当に大切なことは、大量に存在することではなくて、大量に「見える」ことなのである。

第三磁石の三つめの条件は、一～三週間ごとに商品を入れ換えることである。定期的に商品を変化させることで、お客の売場に対する興味を喚起することが目的だ。フォーマットにかかわらず、同じことがいえる。もちろん、通路を隔てて隣接するエンド陳列の切替えは同時ではない。週単位でズラしていくことも、コツの一つである。

ところが残念なことに、日本にはエンドをステープル・アイテム(定番商品)の売場にしてしまっている店が少なくない。これではお客をひきつける磁石効果は、期待できない。

今日は何が置いてあるか予測できないからこそ、お客は楽しみにしてエンドを見ながら店内をくまなく歩くのだ。決まった商品が、この主通路に面したよく目立つエンドを占領していては、その商品にもともと用があったお客しか近づかない。その結果、お客は来店前にあらかじめ買うことを決めていた商品を、最短距離の通路だけを通って手に入れ、さっさと帰ってしまうのである。

エンド商品

次に、この第三磁石としてのエンドに置くべき商品の特徴は、まず特価品が挙げられる。これは、多くのお客にはっきりとした魅力がある。

第二に、これから大いに普及させたい、つまりマス化したいストア・ブランドやプライベート・ブランド商品、または新製品だ。このなかには、高利幅が確保できる商品も含まれる。

第三に、第二磁石と同じように、季節商品もこの売場向きである。多くのお客はそれを目にしただけで、必要性を思い出してくれるものだ。十二月の初めに大掃除用の消耗品がエンドに積んであったら、それまで買う計画のなかったお客でも、今のうちに買っておいたほうが後からあわてなくてすむと考えるものだ。

いつもは店に置いていないシーゾナル・アイテム（短期間だけ扱う必需品、計画的催事品）も、第四順位ながら第三磁石商品になる。その時にしかないからこそ、お客は興味を示す。もともと必需品だから、たくさんのお客が興味を示すのである。この事例はわが国では、とても少ないようである。

メーカーの販促品も、五番めの対象となる。メーカー側が計画する新製品の普及特売や、大規模なセールス・プロモーションの期間特売などである。もちろんこの場合、有利な条件で仕入れができるので、店側としても、お客の立場としても、ともに魅力があるわけだ。

このようにさまざまな種類のエンド商品は、同一種類の商品を並べないで、異なった種類を交互に配置すべきである。つまり、季節商品ばかりを並べないで、季節商品を陳列したエンドの隣にはストア・ブランドを陳列する。その次にはメーカーの販促品を、というふうに割り付けるのである。

これもお客の寄りつきをよくするための作戦の一つで、お客が次に何があるのか予測できないようにしているのだ。予測できないからこそ、お客にとっては興味深く、それぞれを見て歩くことになるのである。

陳列線に引き込む

磁石の種類は、最後にもう一つある。それを第四磁石と呼ぶ。第一、第二、第三磁石に誘われて主通路を歩くお客を、陳列線に挟まれた副通路内へ引き込む効果を狙うものだ。

お客の注意を喚起するには特別に目立つものが必要になるわけだが、ここでは、ショーカードやスポッターが活用される。この第四磁石は、売場ではなくて品目である。その条件はお客にとってとくに有利な品でなければならない。陳列線の真ん中、または売場の奥までお客を誘導するパワーが必要だ。

わが社自慢のプライベート・ブランド（PB）と新製品も、この売場に適任である。これらの商品にはショーカードを取り付けて、お客がとくに注目するように仕向ける。またはお客が買い慣れたベーシック・アイテムの大量陳列も第四磁石品目になる。

ほかに、意図的な大量陳列品目もこの目的にかなう。陳列機器で変化させてとくに人目をひく、という方法もある。陳列台の板の高さをその周辺の商品と変えるという手段も、その商品を目立たせるために役立つものだ。

こうした磁石の設定は、ディスカウント・ストアや、スーパーマーケットに限らず、ファッション専門店でもホーム・センターでも、あらゆるフォーマットに共通の原則である。意識してアメリカのチェーンを見学すると、日本と違ってそれがきちんと実行されていることに、驚かされるのである。

チェーンストア・システムは科学的に現場経験を理論体系化したものだ。お客が自分の意思で自然に、しかも楽しみながら、店内をくまなく歩いてくれる。そのくせ、それはわが社が意図したことであり、わが社の優れた商品を、どんどん発見して愛用してくれるようになる。いかなる接客応対技術よりも効果的なのである。

それが実現できるのは、商品そのものの値打ちに加えて、正しい商品分類と商品のプレゼンテーション技術、そしてここで述べた磁石の設定、さらにレイアウト理論などを、着実に実行したときである。それが自然にどの店でも実現できたとき、店のマス・オペレーション・システムが確立したというのである。

疑問を解消する

4 効果的なPOP広告アピール

売場の広告のことを、POP（ポップ）広告という。本来、売場では、プレゼンテーション技術を発揮することによって、商品そのものが、そのすばらしさをお客に訴えるものだ。ところが実物だけでは表現しにくい内容があるから、それを補助するのがPOP広告の役割である。

その狙いは三つある。第一に、お客が知りたいことをあらかじめ知らせること。お客は商品をじっくり見ながら、触わりながら、いろいろな疑問を頭の中に浮かべる。そして、その疑問に一つ一つ答を出していく。それが商品を吟味する過程であり、その結果、商品を買うかそれとも買わないか決めるわけだ。

茶碗を選ぶなら「用が足りる大きさか、重さは適当か」。これなら見る、触わることで自分で答は出せるのだが、「電子レンジに入れても金色の模様は落ちないか」という疑問には、自分では回答が出せない。

そこで店員を探してまでこの問題を追求するのは、特別にその茶碗に執着しているお客に限られるだろう。普通なら「面倒だからこの次にしよう」とあきらめてしまうところである。せっかく「ちょっといいか」と思って立ち止まり、時間をかけて検討してくれたのに、購買にはつながらないのである。

だからといって、「接客店員が必要なのだ」という解釈は間違っている。接客応対をしていては人時生産性が上がらないだけではなく、お客が売場に寄りつかなくなってしまう。絶対に買物をするのだと決めてきたお客よりも、いいものがあったら買いたいと思っているお客のほうが多いのである。

ちょっと見るだけのつもりのお客なら、接客店員が手ぐすね引いて待っている売場には近寄らない。落ち着いて品選びなどできないからだ。

そこでPOP広告が、お客の疑問に対して店員の代りに答えてくれる。たとえば「洗濯の仕方」とか、「部品が交換できる」のかとか、「初心者にも使いこなせる」

のかなど、お客が知りたがることを、あらかじめ書いて、お客の目にとまるよう商品の陳列台に取りつけるのである。これらは、商品を見たり触わったりしただけではわからないことなのだ。

ここで取り違えてはならないのは、ＰＯＰ広告の文案はいわゆる「広告コピー」とは違うということである。しゃれた言葉でお客の気をひこうというものではなく、あくまでも品選びの目安となる内容でなければならない。

そこで文案を作る前に、お客がその商品に関して何を知りたがっているのか、それを調べる必要がある。その最も的確な手段は、お客がその商品について質問した内容をそのつど記録することを、店員に義務づけることである。そうすることで、ＰＯＰ広告に書くべき項目が決まることになる。

しかしチェーン店の場合、全店に同様なことを要求したりしがちだが、これは根本的に間違えている。初期の調査や実験は、一店で確実にやれば十分なのだ。多数か所でやれば、結果はかえっていいかげんなものになってしまう。

興味を喚起する

ＰＯＰ広告の第二の狙いは、お客を商品にひきつけることである。目立つカードに文字が書いてあれば、立ち止まって読んでみたくなるものである。ちらし広告に掲載した商品に、その特売期間だけは特別なＰＯＰ広告がついていれば、お客は見ざるをえないことになる。

第三に、POP広告によって、お客の商品への特別な関心や興味を喚起することができる。

アメリカの小売業最大手の一つのゼネラル・マーチャンダイズ・ストアのシアーズは、プライベート・ブランド（PB）商品の優れた特徴を、お客に強力に訴える方法では世界一である。自慢のPBには必ず、その実物とともにいちばん見やすいお客の目の高さ、または胸の高さに、商品の使いやすさ、耐久性、経済性など、その商品の長所が読みやすい箇条書で掲示されているのだ。

たとえば、店内を目的の売場に向かうために歩いていた主婦が、主通路沿いのゴンドラエンドに山積みされた見慣れない新しい商品を発見したとしよう。そこにPOP広告が付いていたら、読んでみようと思うだろう。

そこでPOP広告に、その工具セットの新商品が従来のものとは違って、女性でも簡単に使いこなせる工夫がしてあり、家庭内でのいろいろな用途があり、しかも「今なら特別セールで二割引で買える」と書いてあったら、どうだろうか。

今の今まで必要性をとくに認識していなかったし、ほしいとも思っていなかったのだが、「持っていれば確かに便利なようだ。しかも、ちょうど割引期間でお買得だから、今のうちに買っておこう」と、彼女はそこで即座に決断するかもしれないのだ。

もちろん、初めからそれを目的として来店した客なら、そのPOP広告の効能書を読むことで自信をもち、安心して購入の決断を下すことができる。

POP広告は、こうした狙いで作成されるものだ。アメリカのチェーンストアのあらゆるフォーマットに属する企業が、その売場で、このようなPOP広告を必ず活用しているのである。

POP広告の種類

しかし、ひとくちにPOP広告といっても、目的も大きさもさまざまなものがある。その種類はだいたい、次の七つに分類されるはずだ。

一つめに、売場構成の掲示がある。お客にフロアごとの売場大部門を知らせることが目的だ。略図のレイアウトで示してあるものが主力である。色使いが上品で、しかもわかりやすいことだ。

二つめに、売場掲示がある。これは、お客にとってそこに何があるのか一目で理解できる表現でなければならない。商売上の業界用語を使った売場掲示を、日本の店ではしばしば見かけるのだが、お客に通用するはずがない。衣料ではランファン、カットソー、食品では塩干物などという売場名が堂々と掲げてあるのが、その例である。

その点、アメリカの売場は売場構成そのものがＴＰＯＳ分類になっているから、当然売場掲示もＴＰＯＳで表現されている。ヘアケア用品、ベビー用品、掃除用品、荷造り用品、靴磨き用品、収納用品というふうにわかりやすい。

ベビー用のものが必要な時には、おむつでも食品でも衣料品でも玩具でも、すべてのベビー用の商品が、店内の一か所に揃っている。だから、売場掲示をめざしてその売場にたどり着きさえすれば、その場だけで用は足りるのだ。日本では数か所を巡回しなければならない。

三つめに、品名カードがある。ふつうはゴンドラのカードレールや、ショーケースのガラス棚の上に取り付けられるものである。お客と店側の両方が他の商品と区別できる品目名であることが、ポイントだ。

たとえば、洗剤のなかには洗濯用の洗剤もあれば掃除用の洗剤もあるし、台所用洗剤もある。さらに洗濯用洗剤のなかには、特定の繊維に適したもの、白っぽい色の洗い物向き、色物向き、泥汚れ落とし向き、汗染み落とし向きなど、いろいろの種類が開発されている。

品目名はこれらの用途を、お客に的確に知らせるものであることが望ましいのである。

四つめに、プライス・カードがある。品名プライス・カードとして前述した品名カードと兼用のものが多い。売価は、お客がその表示を探さなくても自動的に目につく位置に、はっきりと表示する。このことは、ファッション商品についても同じことがいえる。

売価表示

コモディティ・グッズを買うのではないかぎり、お客は普通、値段を見ないで商品を買うことはない。なぜならお客は、商品の価値を、商品そのものが備えている性質と、その値段とのバランスで判断するからである。

もちろんアメリカの大チェーンのように、商品構成グラフとプライス・ポイントが一定なチェーンなら、お客はとくに値段を見ることはないだろう。

しかし日本では、売価はいつも浮動しているくせに、売価表示さえ確実には実行されていない店が多いのだ。その場合、お客は商品をひっくり返して探し回らなくてはならない。しかし多くのお客は、値段がまるっきりわからない商品などには興味をもたないものである。

安さを強調するには、他社との売価の比較、メーカー希望小売価格からの割引率の明示、といった手段もある。アメリカのスーパー・スーパーマーケットやディスカウント・ストアでもっぱら行なわれているのは、同一フォーマット内の他社との価格比較のみならず、他のフォーマットとまで比較して、わが社の安さを主張しているものである。

ここでもう一つ、食品の場合や雑貨の場合、ユニット・プライシングも欠かせない。お客が販売単位の違う商品同士の価格比較ができるように、表示することだ。

ところが、この表現方法にも問題がある。たとえば一グラム当り一・五八円という表示である。一グラム単位で使う商品でないかぎり、この表現は現実的ではない。お客の立場に立っていない証明だ。しかも一円以下のお金の単位など、お客にとってはどうでもよいことなのだ。

この場合、お客が一回当りどのくらいの量を消費するのか、その一回がいくらにつくのかということだけが問題である。一〇グラム単位で使うものなら一〇グラム当り一五円か一六円、一〇〇グラム単位で使うものなら一〇〇グラム当り一五八円と表現するべきなのだ。

POP乱用は逆効果

五つめに、ショーカードは商品の長所や使用法を説明するものだ。商品の耐久性、便利さ、使用法など、商品の効能をお客にアピールするものだ。

日本では、店によってはショーカードを活用していると言いながら、実は大型すぎて商品にとっては逆にお客の視線をさえぎる障害物となっている。主役の商品が隠れてしまっているのでは、主客転倒である。POP広告はあくまでも脇役である。

主役を引き立てなければ意味がないのだ。

したがってメーカー側が作ったポスターはもとより、大きすぎるショーカードの乱用は逆効果である。ところどころにあるからこそ目立つのであって、軒並みのショーカードでは、どれも読んでもらえなくなる。必要な部分にのみ、重点的に取り付けることである。

六つめには、広告商品の陳列位置などを示すスポッターである。セール、エブリデイ・ロー・プライスなどと書いたカードで、ゴンドラから突き出したかたちで取り付けられる。通路を通るお客の視線を確実にとらえるのが目的だ。

ゴンドラに対して直角に取り付けられた円形のスポッターは、自慢のお買得商品の存在を、誇示する場合にも使われる。

新入荷商品にお客の注目を集めるためにも、スポッターは頻繁に使われている。アメリカでは百貨店でも専門店でもディスカウント・ストアでも、〝ニュー・アライバル（新入荷品）〟のスポッターが付いたファッション商品が、主通路沿いの磁石売場を構成しているのだ。

最後七つめに、案内掲示は多くの品目に共通の内容である。返品交換の条件、わが社のマーチャンダイジング・ポリシー、ＳＢやＰＢのマークの紹介など、わが社の特別なサービスや姿勢、経営方針などを示すものだ。

定期的な来店促進

しかも日本の場合のように、決して道徳的な表現でない点が特色である。胸を張って、これこそわが社の特色だといえる内容がある企業なら、当然に自己主張するべきなのである。

5　プレゼンテーションの定期的変更

日本では、売場のプレゼンテーションの変更は期末バーゲンのあと、次季の新しい商品が入荷した時だけに限って、しかも不定期に行なう店が多い。ところがアメリカのチェーンでは定期的に、そして頻繁に、プレゼンテーションの変更を行なうのが原則となっている。

業種やフォーマットによって、二週間ごと、一か月ごとというふうに違うけれども、企業ごとにルールは定めているのだ。

その目的は、お客の来店を周期化することにある。定期的に、強調する商品を入れ替えて、売場の雰囲気を新しく変えてしまうことで、お客のほうも新しい商品を見つけるために、定期的に店に行ってみようという気になるのである。

ここで重要なのは、「定期的」であることだ。同一間隔で変化するからこそ、お客にも次はいつごろ新しく入れ替わると予測できるのである。店とお客との間の、暗黙の約束事のようなものである。これが不定期だと、いくら頻繁にプレゼンテーションを変えても、お客にとってはいつごろ行けばいいのか見当がつかないから、行ってみようと思わせるきっかけにはならないのである。

定期的にショーウインドーと主通路沿い、もちろん店の出入口とハイライター(強調している商品群)を入れ替えるのである。肝心なことは、必ずしも今まで売場になかった新入荷商品である必要はない点だ。これまでとくに強調していなかった売れ筋商品に替えるのも、一つの方法なのである。

引き続き強調して、さらに多くのお客の人気を勝ち取りたい商品は、色違いにすること。色を強調したい場合は同じ色の別スタイルにするとか、組合せを変化させるなど、とにかく店全体を見渡した際にガラッと違ってフレッシュに見えることが狙いなのである。

アメリカのアパレル・スペシャルティ・ストアチェーン各社は、この点で見本を示している。隔週ごとに、定期的にプレゼンテーションを変更するのだ。ショーウインドーのマネキンに着せるものとそのPOP広告、第三ウインドー(出入口周辺)のキー・アイテム、売場内レイアウト、ハイライト売場、そして写真パネルなどについては、店にあるものすべての、

① 位置を変える
② 組合せを変える
③ 重点を変える

などで、店の雰囲気を新鮮なものにするのである。そこでお客は、二週間に一回は行きつけの店に行ってみよう、自分の求めているファッションが見つかるかもしれない、と期待する。ほかの目的でその店の前を通りかかったお客でも、ショーウインドーに見かけない新しい服があったら、店の中をのぞいてみようという気になるのである。

プレゼンテーション指示書

このようにプレゼンテーションの変更をするときは、アメリカのチェーンストアではどの企業も指示書を活用している。日本のように、売場担当者それぞれに創意工夫を期待するのではない。

指示書とは、本部側で売場レイアウトからハイライター、棚割にいたるまでプレゼンテーションに関するすべての指示を、スケッチ画を中心に、場合によっては写真を添付して、それを見ながらだれにでも作業ができるようにしたものである。

アメリカのディスカウント・ストア・チェーンの大手、ターゲットの作業指示書は売場全体のレイアウト図（陳列台一つ一つの位置と売場大分類、中分類など）のほかに、陳列台一台ごとに見本陳列したB５判大の写真が添付してある。その写真を見ながら、何の熟練も技術もないパート店員が、陳列棚を商品で埋めていくことができるのである。そこには商品番号と色番号とが明示してあるため、間違いは発生しにくい。

アパレル専門店チェーンのものはA４判三〇ページもあるが、ほとんどのページが商品と陳列のスケッチ画かカラー写真で埋まっている。その内容は次のように、「店全体にかかわること」と、「売場大部門ごとに実行すること」の、二つの部分に分けられる。

(A)店全体として（約一〇ページ）

①　店内の売場区分と陳列器具レイアウト図
②　この二週間の重点課題
③　ショーウインドーのマネキンの着付けとPOP広告と小道具の指定
④　磁石売場と試着室のドアのハイライター
⑤　レジ・カウンター周辺のプレゼンテーション
⑥　使用する写真パネルとPOP広告の指定
⑦　器具、小道具を番号で指示——新しいものはディストリビューション・センター（DC）から配給される。不要なものはDCへ回収される。

(B)売場大部門ごとに（約二〇ページ）

① 強調すべき商品

② ラックごとに商品の指定

③ 棚、ラックごとにサイズ別分類と色別分類の指定

④ 色別分類の並べる順序

⑤ 商品のルックの種類ごとに壁面の棚、写真パネル、ハイライター（トップとボトムとアクセサリーのコーディネートのハンガーがけ商品）、在庫用商品の陳列、小道具の配置レイアウト図

⑥ ハイライターの作り方

以上の内容のすべてについて、商品番号と色番号で指定し、それぞれスケッチ画かカラー写真が添付されている。

熟練不要の変更作業

店員は、この指示書を見ながら作業をする。まず最初のページの「レイアウト図」どおりに陳列器具を配置する。

陳列器具は壁面のシステムに至るまで、すべてよく動く車輪付きの可動式だ。だから女性一人で十分動かせる。日本では、この車輪がついていないことが多いし、そのうえ、車輪があっても錆びついていることが多いのだ。

そのあと、次の項目の「この二週間の重点課題」を読んで理解し、そのまた次の項目の「ショーウインドーのプレゼンテーション」へと移る。

一項目ごとに書いてあるとおりに作業し、次の項目に移っていけば、ビクトリア・シークレットのあのすばらしい、どのお客をもエキサイトさせるプレゼンテーションが、どの店でも、同じように完成するのである。

これらの指示書は、本部で作成する。わが社の商品が最も魅力的に見える表現方法を、専門家たちがあらかじめ何度も実験を繰り返し、研究を重ねたうえで一つひとつ決定したものだ。

つねにいちばん良い方法は一つしかない、という考え方からである。日本では、たまに本部が指示書を出しても、店で実行してくれない。その理由は、机上で考えた非現実的なものだ、と店側が思っているからだ。

実験を繰り返して完成した指示書のなかで使うことが指定されている小道具、写真パネル、POP広告、場合によっては陳列器具がDCから配送される。その逆に、プレゼンテーションの変更に伴って不要になったものは回収する。そうすることで、店での作業を円滑に進めることができる。何かがなかったからできなかった、という口実を与えないのである。

また、店に不要なものが置いてあることで、それを使った、指示書と違うプレゼンテーションになることを防止することにもなる。その時に使わないものは回収してしまうから、不要なものは店に存在しないのである。

最も優れた効果が得られるよう作られた指示書に基づけば、何の技術もなく特別な熟練もない素人でも無理なく作業ができるし、結果としてプレゼンテーションは、どの店も一様に最も魅力的に見えるのだ。

プレゼンテーション標準化

こうした指示書に基づいて作業するシステムがもたらす効用は、エキサイティングなプレゼンテーション完成のために特殊技能を会得した技術者を、現場で必要としないことだけではない。ほかにも、プレゼンテーションの標準化を可能にするという、重要な役目を果たしている。

プレゼンテーションを標準化することが店側にとって好ましい理由は、お客の目に訴えるパワーが倍増することである。同じチェーン店なら、同じ売場の同じ位置に同じコーディネーションの商品が置いてあるのだから、その商品は同時期に多数の人の目にふれることになる。そこで、その商品は見慣れたものになるのである。

もしもプレゼンテーションを標準化することなく、店ごとに売場担当者にまかせていたら、当然強調する商品もコーディネーションも、店ごとにまちまちになる。このやり方では、お客の人気を勝ち取ることはできない。人気を得ることは、たくさんの人に同時にアピールしてこそ可能なのである。

もちろん、指示書によって標準化したプレゼンテーションで強調する商品は、自覚しているかどうかとかかわりなく、たとえそれが潜在的な欲求であってもお客がもともとほしがっていた商品でなければならない。そうでないのなら、かえって逆効果である。

たとえば、お客がさまざまな婦人雑誌の理想的なリビングルーム特集の影響で、こたつ布団は無地の中間色のものがいいと、なんとなく感じているときに、店でそれが目につくようにプレゼンテーションしてあったら、この商品こそ自分がほしかったものだ、と気づくはずである。そこでその商品は人気を獲得することになる。それに加えて店は、お客の信用も同時に勝ち取ることができるのである。

ところが、お客が感じていたこととは逆に派手な柄物のこたつ布団が、売場で目立つように置いてあったらどうだろうか。お客は当然、この店にはろくなものがない、と思うだろう。そして、店は信用をなくすことになる。

標準化すると、人気も不人気も倍増するわけだから、商品選びには十分注意しなければならない。つまり、プレゼンテーションという作業は、もともと商品部が明確な理由づけのもとに、先導すべき筋合いのものなのである。

日本ではその逆で、店側にまかせざるをえない状況になっているのは、商品部側がストーリーをまるっきりもっていないためである。

落ち着いた売場環境

アメリカの店舗視察に行った人たちが、どの店でも一様に感じることは、落ち着いて買物ができるということである。

その理由は、天井が高くて通路幅が広く、照明が落ち着いていて、店員がつきまとわないなど、いろいろあるわけだが、店内が静かだということも見逃せない心地好い買物環境の条件である。

日本の店では、肉声やテープレコーダーによる呼込み、バックグラウンド・ミュージック（BGM）、店内放送などと、まことににぎやかなのである。

これらが本当に必要だと数字で証明されているから実行している、というのでもない。単にほかの店でもやっているからとか、景気づけになどと、科学的な根拠がない。ただなんとなく今までやっていたから、そのまま続けている、というだけのことらしい。

売場で安い安いと叫べば、その声が聞こえたわずかなお客のなかの、さらに一部の人々にのみその商品が売れるのかもしれないが、そうすることに費やされた人件費を計算したとき、効果があるかどうかは疑問である。しかもその商品が売れてもその分、類似品が売れなくなるので結果は同じなのだ。

そこで人件費問題を解決するつもりで、テープレコーダーで代用している店も少なくないが、人がやるのと同じ効果を期待するにはもともと無理がある。しかも長期的な観点から見たら、このような呼込み販売は、店のイメージをますます安っぽくするのである。

前述したプレゼンテーション技術を活用することで、特売品を目立たせることは十分に可能である。そこでお客は、たっぷりと時間をかけて落ち着いて品選びができるのだ。

騒々しい環境にせかされては、商品を十分に検討することができない。その商品が本当にお客が求めていたものなら問題はないのだが、あわてたあげく、判断を誤って買ったのだとしたら、恨みが残るだけである。

BGMは有効か

次にBGMだが、売場で何かの利益をもたらすのだろうか。

アメリカの店を視察した人は、「なぜアメリカの店ではBGMを流していないのか」という疑問をもつものだ。それでは「なぜ流す必要があるのか」と逆に質問すると、納得のいく回答が得られないのが常である。

地球上どの国でも、BGMの売上促進効果は、かつて一度も科学的に実証されたことはないのである。明白な効果がない以上、むだなことはしないほうが賢明だ。

アメリカでもジュニア・アパレルの売場などで、その時のファッションにマッチした音楽を流すこともあるにはあるが、絶え間なしに流し続けることはない。

最後に、店内放送は最小限にとどめることが可能である。店の管理職の呼出しは携帯電話で解決できる。売場案内も、ほかの手段がいくらでも考えられるからである。

落ち着いた買物環境をつくり出すには、意味のない音は禁物である、売場の雰囲気は、商品のプレゼンテーションで表現すべきものである。

6 セールとクリアランスの使い分け

セールとクリアランスの違い

日本語では「値下げ品」とひとくちにいうが、アメリカでいうセールとクリアランスではまったく意味が違う。この二つの言葉の意味を理解し、区別して使うことで、もっと有効な「値下げ」の打ち出し方が可能となるはずである。

まずセールのほうは、特売という日本語がそのまま当てはまる。ある期間中のみ特別割引価格で商品を提供するが、その期間が過ぎれば元の値段に戻るものである。売場内の陳列位置もそのままで、セール期間中だけなんらかのＰＯＰが付けられ、期間が過ぎればはずされて元どおりになる。

次にクリアランスのほうは、残品処分のことである。したがって、期末に行なわれることが多い。日本でよく「バーゲンセール」とか、「総棚ざらえ」と呼ばれているものが、それに当たる。

アメリカでは、季節半ばでもサイズ切れや色切れで、売場でまとまったコーディネート陳列ができなくなった商品は、クリアランスの対象になる。日本では、とくにファッション商品の場合は、期末バーゲンまで割引販売をしないのが業界常識である。だからDCブランド・メーカーに、ダンピングの時期が早すぎると、競争社会では考えられない要請を出して、もの笑いのタネになったりするのだ。

セールとクリアランスの混同

売れなくても、逆によく売れても、最初に決めた売価は決して変更しないのが、日本独特の商法だ。店側としては、もしも季節半ばに割引などしたらそれきり、お客は割引になるまで買い控えて、元の価格で買ってくれる人などいなくなるのではないか、と恐れているらしい。

だから創業祭などのイベント用には、売場にある商品はそのままで、最初から特価品用にベンダーに持ち込ませた商品を当てるといったことにもなる。しかしこの持込み品は、元来ベンダーとしてのクリアランス・セール、つまり売残り品ばかりだから、魅力がない。

お客としてはこれまでの経験で、どうせそれなりのものしかないとわかっているから、わざわざ出かけて行く気がしない。「特売」は消費者にとって、嬉しくなくなってしまっているのである。

期末バーゲンで商品が定価の半額まで値下がりしたときに、そのお客がほしかったものが残っていることはほとんどない。安さだけが魅力で、色やスタイルや味、取扱いの便利さなどの品質は妥協して、商品を買ったとしても、季節の終りに近づいていた場合は、これから使う機会は少ないのである。

しかもその場の群集心理も手伝って、安さだけに釣られて判断を誤り、不要なものを買ってしまったという、いやな記憶がだれにでもある。お客にしてみれば、後に残るのは後悔だけである。一方、店側としても残品処分ができてすべてよかったのではなく、荒利益率は極端に下がってしまっているのだ。

結論としてお客は、バーゲンで買物をして得をしたと思うより、損をしたと思う場合のほうが多いのではないだろうか。そうなっては割引の意味がない。お客が本当に得をしたと心から思ってくれなければ、その店をひいきにする（ストア・ロイヤルティをもつ）はずはないのである。

ベンダーからの商品買取りが常識のアメリカでは、売行きの悪い商品でさえも仕入れてしまった以上は、是が非でも売り切ってしまわねばならないことになっている。返品がきかないからである。

それだけではない。売行きのよい商品を、より大量に売るためにも、セールやクリアランス戦術を実に巧みに利用している。したがって、われわれがそこから技術を学び取ることができれば、その効用は多大なのである。

セールの実行

アメリカではセールを定期的に打ち出す企業もあり、他方、季節の始まりや祭日、土地ごとの生活慣習に合わせた企画をする企業もある。ともかくセールは頻繁に催されるのだが、その目的は日本とはだいぶ違っているのである。

① ひいき客の拡大――ストア・ロイヤルティづくり
② 新製品の普及
③ 今売れる商品のシェアをさらに拡大
④ 売価と品質とのバランスを調整

するのが目的である。

まず、①の集客効果については、それが本当にお客が求めていたものなら、セール品を目あてに来店するだろう。お客はそれだけではなく、他の商品もついでに買って帰ることになる。もちろん、あてにして来てみたら、つまらない商品だったり欠品していたというのなら、その後の集客効果にはかえってマイナスとなる。

②が目的のセールは、日本ではあまり活用されていない。これは「お試し価格」の特売である。今までお客が愛用していた既存商品の代りに、新製品を使ってもらうきっかけとなるように、だれもがさっと手が出せるほどまで割り引いた特別価格で、商品を提供するものである。アメリカでは食品や家庭雑貨に限らずファッション商品にまで、この新製品普及のためのセールをいつも活用している。

シェア拡大目的のセール

③の場合のセールも日本ではほとんど見かけないが、アメリカのチェーンではよく見られる戦術である。

日本人にとっては、みんながほしがっているホット商品を、なぜわざわざ割引しなければならないのかと、疑問に思われるかもしれない。しかしよく売れる商品だからこそ、割引することでたとえ一時は利幅が薄くなっても、お客が他の店で買うよりわが店で買ってもらいたい、そしてストア・ロイヤルティをもってもらえば、後々まで競争の武器になると考えるのだ。

この方策は短期間で勝負が決まるファッション商品やシーゾナブル（季節）・アイテムによく用いられる。独自のPB商品ならば、なおさら他社に先駆けてホット商品のシェアを取ってしまうためにも有効な手段である。そのことだけで店は、お客の強力な信頼を得ることになる。あの店は、今、自分たちのほしいものを、他の店よりうんと安い値段で売ってくれたすばらしい店だと。

そうして手に入れた商品を、お客は誇らしげに頻繁に使うことになる。なぜならお客がホットと信じられるからだ。それを見た周囲の人々への宣伝効果も絶大で、「あら、どこで買ったの」と質問ぜめに合う。そのお客も買ったことを誇るという連鎖反応の拡大で、どんどん普及していくことになるわけだ。

お客は、そのホット商品をお買得価格で入手できるだけではない。次の機会にもそのひいきの店で他の商品を買うべきだと決意してくれる。そのうえ、どの場合も目標荒利益高が十分に確保されることになるのである。

④は、商品が売れない原因が、売価が品質に比べて高すぎることだけにある場合には、ただちに値下げが行なわれる。値下げは、まだその商品が売れる時期に一日でも早くするのがアメリカのチェーンの定石である。だれもほしがらなくなってからでは、二一~三割程度の値下げをしても商品は売れない。その時はもう五~七割引という大幅な値下げを迫られることになるのである。

アメリカのような小売業の激戦社会では、期末まで手をこまねいて様子を見ているなどと、のんきなことはしていられない。売行きの悪い商品だとわかったとたんに、それに替わる新しい商品のために、あるいは売行きのよい商品の陳列量を増やすために、できるかぎり速やかに売場を譲り渡さねばならないのである。

繰り返すが、セールとは一時的な割引である。セール期間が過ぎれば元の値段に戻る。したがって値引き率は、それほど大きくなるはずがない。アメリカでも、せいぜい二〇~三〇%というところである。

クリアランスの実行

残品処分を目的とするクリアランスの場合に、その売場はアメリカでは一定の位置に設定する。その点、日本も同様という店もあるが、肝心なのは、アメリカの場合、各売場のなかでは最も目立たない奥の位置と決まっていることだ。

その理由は、もともと残り物の集まりだから、ただ今アピール中の魅力的なプレゼンテーションの妨げになることを懸念してのことである。もともとプレゼンテーションにおいては、スタイルや色のトータル・コーディネーションや一品大量を強調した演出を重視しているからである。

しかし、お客にとって奥のクリアランス売場は、店に入るつど必ず一度は、掘出し物を探す目的で立ち寄ってみる面白さのある売場でもある。

日本の場合は、店内の通路設定があいまいな中で、プレゼンテーションもトータル・コーディネーションも無視して、多品目、少量陳列で商品をところ狭しと並べている店が大部分である。だから売残り品がその陳列のなかに延々と長い間混じっていて、期末バーゲンまで置き去りになっている。

あるいは客寄せのつもりで、店の出入り口の最も重要な位置に、特価台を据え付けてしまう。平気でみずから雰囲気を壊している店も少なくないのだ。

ところがアメリカでは、売場のプレゼンテーションの良し悪しは、企業にとって致命的な大問題であるとさえ考えられている。したがって、仕入れ段階から売場でプレゼンテーション効果が大いに上がることを意識して、ルックごとのグルーピングと、そのトータル・コーディネーションとボリューム感のある品揃えが考慮されているのである。日本では、プレゼンテーション効果を計算しながら仕入れを決めるということは、めったにないことである。

そこで新しく入荷した直後は陳列器具の容量いっぱいに商品が並んでいるが、次第に商品グループごとに陳列量は減っていく。プレゼンテーションの最低単位は陳列器具一台だから、アメリカでは、それに満たない品目数になった残りの商品は、そのとたんにグループごと、売場の奥のクリアランス用に割り当てた陳列器具のほうに移動するのが常である。

もちろん売行きのよい商品はどんどん追加補充されるから（日本ではこれができないのであるが）、長い間、元の売場で広い面積を確保することになるだろう。しかしその後に人気が衰退してきたら、最後は同じ扱いとなる。

そうする理由は、一定の陳列量を割ると（最低陳列量割れ）、商品は売れなくなることが経験法則上、すでに証明されているからである。この現象をアメリカでは「商品が売場で迷子になる」と表現する。売場ではお客が認識できるグループごとの陳列量がある程度まとまっていないと、お客の目にはとまらないということを、日本の店では軽視しがちなのである。

それだけではない。少しずついろいろな色が売場のあちらこちらに散在していると、そのすべての色が混じり合って、お客から見た全体の印象が濁った感じとなる。それでは、プレゼンテーションの努力が台無しだ。いろいろな色の品があっても、それぞれにボリュームさえあれば混じり合う感じにはならないのである。

以上のような理由で、不揃いになった商品グループはその時点でのプレゼンテーション効果を妨げないような、売場の目立たない場所にあるクリアランス用陳列器具に、そのつど移動するのだ。肝心なことは、そのつどであるという点だ。たとえその商品が季節半ばのものであったとしても、扱いは同じである。断じて、季節末期ではないのである。

この場合の割引率はセールの場合とは違って、五〇～七〇％と大幅となる。サイズ切れと色切れで半端になった商品でも、売り切ってしまわねばならないからだ。値下げは売れている間にする、というのが定石である。同時に、残り物の処分の場合に確実に売るためには、十分な割引が不可欠である。

クリアランス売場内は、サイズ分類が一般的である。商品群としては不揃いになってしまったから、スタイルや色のグループ単位に陳列しても魅力がないからだ。この場合お客にとっては、一つ一つの品目を見ていくより、自分のお目当てのサイズ表示のところだけを見るのがいちばん便利だ、という点を狙っている。

サイズの揃っていない商品については目的別に、細かく分類することはむだと考えるのである。

セールのタイミング

日本では、お客がほしいものをバーゲンまで待って、半額になってから買うという習慣がはびこっている。これに対抗してメーカー側は、半額にしてもまだ十分な利益が確保できるように、そしてそのバーゲンの時までに売れる商品からたっぷりと儲けが出るように、大幅な値入れをする。

この傾向が極端なアパレルＤＣブランド業界では、生産量のたった二割にも満たない数量の商品が正札価格でさばけただけで、元がとれる仕組みになっているくらいである。

では、なぜ客側が買い控えるのかといえば、もともと正札価格が高すぎて手が出ないからだ。それが最大の原因にほかならない。お客は高くて買えないからこそ、安くなるまで待つ。売れないから次の季節には売価がもっと高くなるように計算するというのでは、矛盾した悪循環である。

最初から適切な値入れをしていれば、それがお客の望む商品であるかぎり、よりよい結果が出るはずである。そのうえで、セールとクリアランスとで購買のきっかけをつくっていく、ということになるのである。

ところが季節も盛りのころにセールなど実施したら、それこそ正札価格で買ってくれるお客はいなくなるのではないかと心配する声が、日本では起こってくる。しかしアメリカでは、そのような懸念は無用とされている。

人気のある商品は早く売れ切れてしまうから、お客はセールになるのをじっと待ってはいられない。しかもお客は一刻も早く、その新しい商品を使って楽しみたいから、すぐに手に入れたいと思う、と考えられている。それというのも、当初から売価が理屈に合ったものになっているから、お客は躊躇せずにとびつくことができるのである。

ある商品が祭日前の特別セールで二五％オフになったときは、その商品を買いたいと望んでいたお客はもちろんのこと、なんとなく他人の使っているのを見て「いいな」と感じていたお客にまで、購買決定のきっかけを与えることになる。

こうして商品を入手したお客には、日本のバーゲンセールで妥協したあげくに残り物を買ったお客のように、後悔の気持ちはさらさら起こらない。今人気上昇中のホット商品を、上手に手に入れたという誇りと満足感に満ちてしまう。その後セール期間が終了し、元の値段に戻っても、いったん普及した人気が下がるわけがない。まったく売れなくなるという心配も、無用なのである。

結局、日本のように買控えが行なわれるということは、もともとお客がとびついて買うような魅力のある商品ではなかったと解釈すべきなのだ。この点でも、アメリカのチェーンでは、お客のほしがる商品を徹底して追求するシステムが確立しているといえるだろう。

「利は元にあり」といわれ続けているが、ここでも商品の仕入れの考え方と製品開発の方針が基盤となっていることになるのである。

売価と品質との関係

こうした例からわかるように、効果的な値下げは、まだその商品がお客にとって利用価値がある最中にすることが大事なのである。次の新しい季節に移り変わるころ、お客が次の新しい変化を求めるようになってからでは、遅すぎるのだ。

そのためにセールを、いろいろな機会に託して催すのだ。クリアランスも条件が整い次第、そのつど実行するものである。

もちろん、お客の購買決定の鍵となるのは、売価と品質とのバランスのとり方である。この場合の品質とは、商品の耐久性、外見、使い勝手など、さまざまな条件をひっくるめたものである。その納得のいくバランスは、主にライフスタイルとその時々に変化していく欲求に影響される。それを左右するのが、お客の見解なのである。

そこで、ある一定の品質の商品があったとして、興味をもって商品に近づいたお客が値札を見たときに、その売価がとても買得価格だと思う人と、こんなものだろう（適切だ）と思う人と、とんでもなく高いと思う人といったふうに、さまざまな人々がいるはずである。

その結果、買得だと思う人はすぐにとびつくだろう。適切だと思う人は必要の度合いに応じて買うか、あるいはやめるかするだろう。三番めのお客はほかの買物を優先することにして、ひとまずあきらめるしかない。

セールやクリアランスで値下げをするということは、こうしてその商品の購入を後回しにした人々に、チャンスを与えることになるのである。

その正札売価が適切だと思う人にとって、割引価格は買得価格になる。そうなればお客は喜んでその商品を買うはずである。

すでにそれと似たような商品を持っている人でさえ、たいそうな買得だと認めたら、もう一つあってもいいと考えることも少なくない。ところが、時間がたち、人々の欲求が他のものに移りかけてしまってからでは、もう遅い。その商品に対するお客の欲求が継続している間にのみ、割引価格戦術が有効なのである。

そこで問題になるのは、季節の変り目に商品を入れ替えるためのバーゲンは、季節の盛りに実施すべきなのか、ということである。それについては、自社の開発商品を主力に売っているアメリカのチェーンの場合は、シーズンにかかわらず、週単位で一年中同じペースで商品開発を進めている。したがって新しい商品は、商品ラインごとに揃い次第発表される。

残品処分が目的のクリアランスは、商品ラインが崩れるごとに実施することは前述した。日本のように新商品の発表が、シーズン単位にいっせいに行なわれているのではないのだ。少しずつ発表されていくものである以上、当然クリアランスの実施にも、時間差が生じてくるのである。

日本のバーゲンの間違い

近ごろのアパレルDCブランドのバーゲンセールは、だいたいどの企業も同じような日程でやっている。その日取りは、業界ぐるみで協定しているともいわれる。その後、日程は報道機関に非公式にリークされ、読者が二十歳代前半向けの雑誌に「有名DCブランド・バーゲン情報」として特集が組まれる。その結果バーゲン当日には、開場前から若い男女が長蛇の列をつくることになるのである。

そして、その日取りが年々早くなっている、とアパレルを扱う他の業者が嘆いている。まだ正札で売れる時期なのに、いっせいにDCブランド屋に三割引などされては、正札をつけたわが店の商品は売れなくなるというのである。

これについては、話が別のことであると断言していいだろう。もともとDCブランドは、値入れが法外なのである。売価と品質とのバランスをまともに考えたら、正札価格で気軽に買える人は少ないのだ。

もちろん、若いOLの給料や女子大生の小遣いで無理なく手に入れられる値段でもない。知名度の高いブランド商品が半額以下ということで、お客は喜び勇んで並ぶのだが、半額になったところで依然、気軽に買える値段とはほど遠い。

しかも彼女たちがめざしている、雑誌のカラー写真ページで見たものと同じ商品は、バーゲン商品のなかには混じっていないのが常である。そこでお客はせっかく来たのだからと、お目当てのものとはまったく違う商品を、妥協して買うことになるのである。しかも、決して安くはない。

確かに季節半ばすぎの、まだ商品を一～二か月は利用できる時期に行なわれるこの種の催しは、理にかなっているように受け取れるかもしれない。しかしこれは、次の二つの点で明らかに間違っている。

第一に、最初の値入れが法外なものであること。値入れは品質に応じたものでないかぎり、遅かれ早かれ信用をなくす原因になる。その値段をもとに、いくら半額で安いと叫んでも、客観的には依然として高すぎることに変りはないのだ。

第二に、商品そのものがお客がとびついて買うような魅力のあるものではない点である。その時期まで売れ残っていたものは、もともと失敗作である。

失敗作の処分法

アメリカのチェーンストアならば、そんなものを延々と陳列しているようでは、かえって店の評判が落ちるという理由から、わが店で売り続けることは中止する。そしてＯＰＳ（オフ・プライスド・ブランデッド・ストア）と呼ばれるフォーマットの売残り品処分専門店チェーンや、メキシコや南米など国外の業者に、とっくに売り渡しているような商品なのである。

失敗作だけを集めて体育館などの大会場で値下げして売り、人気商品だけは店で法外な値段で売り続けるという商業道徳にもとることが、日本では堂々と行なわれている。しかも一般マスコミがそのちょうちん記事まで書いているほどなのだ。ＤＣブランド没落の真の原因が、ここにある。デザインの新奇さの有無とは違った、根本的なところで問題が起こっているのである。

もう一度明確にしたいことは、値下げした商品はお客が喜んで買って帰る商品でなければ意味がないということだ。それは値段の安さだけでは足りないのだ。値段そのものも含めて、お客が得をしたと心から思ってくれる品質であることが、セールとクリアランスの絶対原則なのである。

7 シーゾナル売場とその使い分け

私の所属する日本リテイリングセンターでは、毎年アメリカ視察チームを編成している。その折、春にスーパー・スーパーマーケット（SSM）を視察したチームの団員が、園芸用品の品揃えが豊富なことに驚く。秋には、学童文具の売場が広くとってあることを不思議がるのである。

しかし、その売場表示は「シーゾナル」または「プロモーショナル」とあり、春の園芸用品も秋の学童文具も同じ売場なのである。商品が入れ替わっただけなのだ。その売場は店で通常扱っていない、つまりステープル・アイテムではない必需品を短期間だけ扱う売場である。言い換えれば、計画的催事品売場なのである。

売場面積には限りがある。人が気持ちよく歩ける範囲は人間工学上の結論が出ていて、広すぎる店づくりはかえって逆効果だ。したがって、あらゆる必需品を一つの店内に揃えることは不可能なのである。

そこで売場を有効に回転させるためと、品揃えに変化を加えて新しいお客を開拓するためにも、アメリカのチェーンストアはどのフォーマットの店も、常設のシーゾナル売場を設けている。売場表示にはそのものズバリ、「シーゾナル」または「プロモーショナル」と明示してあるから、アメリカの店を見学するときにはぜひ注目してほしいものである。

アメリカのチェーンストアでは、SSMで全売場面積の一割以上、ハード・グッズで三割以上、ソフト・グッズで二割以上を、このシーゾナル売場に割り当てているのである。

これとは別にゴンドラエンドのいくつかも、あらかじめシーゾナルやシーゾナブル（ある季節に集中的に売れる商品）の専用売場に割り当てられている。これは第三磁石売場とも呼ばれ、一つ一つは〇・五～一坪分だが、数は多く、前述の広いシーゾナル売場とは関係なく、陳列線のエンドごとにバラバラに配置されているのである。これは店内レイアウトの担当者が、一年分をまとめて計画する。目的はもちろん、お客の注意をひくことで全通路を万遍なく歩いてもらうことにある。

これらのシーゾナル売場は、店の通常の品揃えではその一部しか扱っていない品種を、ある一定の期間だけは十分な品揃えをするというものである。たとえばSSMなら、鍋のセットとか、収納用品の数々などがそれである。

それとは別に、いつもはまったく扱っていない品種、たとえば自転車などを、衣料店ならフォーマルウエアなどを、シーゾナル・アイテムとして特別に扱う場合もある。この場合は、チェーンストア用語で「コレクション特売」と呼んでいる。

さらにこのシーゾナル売場に毎年同じ時期に登場するのが、「シーゾナブル・アイテム」である。季節品のことだ。年間を通じては店に置いていないが、ある時期になると必ず登場する。その季節ごとにシーゾナブルは、ステープル・アイテムなのである。たとえば、クリスマスツリーの飾りや蚊とり用品がこれに当たる。

これらのシーゾナル・アイテムは、あらかじめ決められた一～六週間単位の年間計画で、扱い品種が特別なマーチャンダイジングやバイイングの準備のうえで行なわれるものである。

シーゾナル売場の効果

各チェーンの商品部にはシーゾナル・アイテムを専門に計画し、仕入れを行なう部署があり、そこで専任のバイヤーが活動している。決して、ついでに余技としてやるのではない。それは核売場のマーチャンダイジングと同じくらい、重要なセクションとされているのである。

これらのコレクション特売とシーゾナブル・アイテム（季節品）を、気軽に買える値段で、十分な選択の余地のある、しかも相互に多くの品種に関連させた品揃えで、タイムリーに売場に並べることがチェーンストアのアソートメントなのだ。

そうするのは、一時的に売上げを伸ばす手段のみならず、長い目で見ればお客のストア・ロイヤルティを拡大することにつながるからである。

シーゾナル売場では、本来それを買う目的で店に来たのではないが、どうせ来たのだから、この機会に豊富なセレクションの中から選び、ついでに同じ目的のための便利そうな品種を今買っておけば、後から得をする、とお客は考える。必要に迫られていたわけではないが、あれば便利そうな品、さらに今の季節にはぜひほしい季節商品を、まとめて見つけることができるのである。

それが、便利で楽しい店、とお客に印象づけることになる。だから大多数のお客は来店のたびに、シーゾナル売場をのぞくことを習慣にしている。アメリカでは人気売場なのである。

フォーマットごとに具体的な品揃えの考え方は違ってくるが、より多くの人が頻繁に購入するもの、使用するものが優先されることは、チェーンストアとして全フォーマット共通の条件である。

他方、来店頻度の関係から、フォーマットごとにステープル・アイテムの売価の上限が制限されている。もともとお客が頻繁に訪れる身近な店、たとえばSSMやスーパー・ドラッグ・ストア（SDgS）やバラエティ・ストア（VS）には、値段の高い品種は置いていないものだ。

　ステープル・アイテムは、このようなフォーマットごとに経験法則から確定している基本的な品揃えの原則を守るから、それからはずされた品種と、売れる時期が限られるシーゾナブル・アイテム（季節品）が、このシーゾナル売場の主役なのである。

コレクション特売

　それにしても、お客にとって魅力的な売場でなければならないことに変わりはないから、その店のお客の大部分が必ず関心をもつはずの品種に絞られる。したがってその品種は、どこの家にもある、どこの家でも当り前に使っているものが多くなるのである。

　たとえばスーパー・ドラッグ・ストアのステープル・アイテムには、ごく限られた収納用品しか組み込まれていない。ハンガー、埃よけ洋服カバー、小型のプラスチック収納箱、折畳み式ダンボール箱などである。

　そこで、このシーゾナル売場では、たまに「収納用品フェア」が開催される。そこには、日頃は店には置いていない大型の収納ケース、毛布収納用のジッパー付きビニールケース、お客用の特別な食器収納用キルティングケース、フォークとナイフとスプーンのセットをしまうための木製のトラディショナルな箱などが、その短い期間だけ売られるのである。

売価は、その品種として低いに限る。そしてその低い売価のなかで、品種が豊富に揃っていることが条件である。つまり園芸用品を買おうとしたお客が、必要なもののすべてを、躊躇せずに揃えて買うことができなければならない。

同時に使うものが品揃えに欠けていたり、一部の値段が高かったりすると、あとから別の店で不足のものを買い足ししなくてはならなくなる。それでは、便利でもなんでもない。あるべきコレクション特売にならないのである。

この点では、シーゾナブルも同じ条件を満たさなければならないことを、肝に銘じておくことだ。

年間計画の立て方

商品部で年間計画を立てるとき、まずシーゾナブル商品が書き込まれる。一年間のうち売れる時期が限られる季節品だから、優先的に配置されなければならない。目的によって、その計画は三日間から一四日間が望ましい。効率良く商品をさばいて、次のシーゾナル・アイテムに売場を譲らなければならないから、その機会を逃がすと大変な損失を生じてしまう。早すぎても遅すぎても失敗する。ポイントはいかに短い期間で勝負するか、なのである。

わが社の毎年の売上げデータでも類推することはできるのだが、本当は慣例より前、または後に動かしたほうが売上げが伸びるのかもしれないと、そのつど疑ってみることも大切である。確かめるためには、アソートメントの手本となる他企業のストア・コンパリゾン調査が役立つことになる。

シーゾナル・セールの時期決定ではまず、祝祭日や行事といった、シーゾナブルの中でも目的の日が確定しているものを優先する。その最も基本的な企画は、正月、成人式、バレンタイン、ひな祭り、入学、年二回の新学期、子供の日、母の日、父の日、お盆、敬老の日、クリスマスなどである。さらにその地域独特の祭や行事も、マークしなければならない。

次は期限として明確なものはないが、人々が年間計画でだいたい決まった時期に行動するものが狙い目である。こちらのほうが、前者の場合より生活に密着しているものが多いから、重視しなければならない。

冬の受験追い込み期、二月末から三月初めにかけての引っ越し、一人立ち、春の園芸、ピクニック、梅雨明け直前の水着、緑陰リゾート用品、夏の蚊とり・虫よけ、納涼、秋の園芸、運動会、厳寒期の防寒などである。

食品なら期限の決まったものは少ないが、正月、お節句、土用の丑の日、お盆、クリスマス、大みそかなどがある。ほかには旬の食べ物のクローズアップがある。

食品の場合も非食品と同じで、同時に使うものが揃っていなければならないが、日本ではいつも特定品種と部門に偏ってしまいがちだ。コレクションでなければならないのだ。

たとえば鍋ものなら、野菜、豆腐、魚、肉、乾物などの食品のバラエティを取り揃えるだけでなく、薬味、たれなどの調味料も。非食品の売場なら鍋、取り皿、薬味皿、サーバー、テーブルレンジとその燃料など、同時に使うものとして品揃えが必要である。もちろん、一つの売場に集まっていなければならない。

ただし食品と非食品とでは購買頻度が異なるため、同一売場に集めても意味がない。

その後で、シーゾナブルの埋まっていない期間に、ステープルには昇格しない品種を需要の多い順に、そして商品開発などで荒利が簡単に取れる品種グループを、コレクション特売として年間計画に入れていくのである。

ステープルをシーゾナルへ

多くの日本型スーパーストアの衣料品売場のいちばん奥の、しかも主通路沿いに、フォーマルウエアの売場がある。遠くから見ると真っ黒な売場である。フォーマルウエアといっても、その実態は喪服だからだ。

この売場は、おしなべて効率が良くない。それにもかかわらず常設売場を割り当てられている理由は、衣料品揃えの古い習慣から抜け出せないでいるためだ。もう一つの理由は、それに代わる新しい品揃えの開拓をしていないことである。年間を通して数日しか着ないフォーマルウエアより、毎日着るふだん着の品揃えの充実のほうが、チェーンストアの本来の売場づくりである。その課題を解決するのが、シーゾナル売場づくりである。

喪服はいつ必要になるかわからない。だから、だれでもつねに用意しておかなければならないと思っている。逆にいえば、いつ買ってもいいものである。だから常設売場はなくして、その代わり一年間に二週間だけ、フォーマルウエアのコレクション特売を大々的に開催する。それは、この機会に持っていない人には買ってもらおう、すでに持っている人には新しいものに買い替えてもらおう、という作戦だ。

その場合、他社の常設売場と比較して、圧倒的に品揃えが豊富でなければならない。素材の種類、生地の種類、スタイル、サイズ数が三倍以上、陳列量も圧倒的に多いことだ。

もっとも、値段はすべてロワー・ポピュラー・プライスに限る。いろいろ揃っていても、値段が高いものが少しでも混じっていれば、品選びに時間がかかる。比較した結果、購買の意思決定について不安になったお客は、別の機会まで待とうとあきらめることになる。今どうしても必要な商品ではないからである。

さらに服だけでなく、コートも、靴も、バッグも、アクセサリーも、そして数珠まで、そのフォーマルウエアを着るときに必要なものはすべて、その売場に揃っていることが必要である。

もっと身近なコレクション特売は、掃除用品、家の修理用品、収納用品、調理用品などである。ステープル・アイテム揃えではできない、深くて広い品揃えをすることだ（第2章1節の「TPOS分類の品揃え」の項参照）。同時に使うものが探さなくても見つかる便利さと、割安感が決め手となる。

八月下旬、十二月下旬、二月など、シーゾナブル企画の端境期にこそ、こうした生活密着型のコレクション特売を打ち出すことが、お客のストア・ロイヤルティを高めるのである。

シーゾナル品揃えの急所

最後に、シーゾナル売場の品揃えの急所をまとめてみると、第一に品揃えが豊富なこと。つまり、同時に使うものが、使用目的ごとに、完全に揃っていることであり、同じ売場に並んでいることである。従来の部門間や品種ごとに、所属グループの大枠を超えることが勘どころなのだ。

ステープル・アイテムとしては、その一部しか扱っていないものやステープルとしてまったく扱っていない品種グループ、そしてシーゾナブルも同じように同時に使う品種が揃っていなければならない。

そのなかでもとくに、取付け器具と取替え用品が品揃えの豊富さを印象づける急所となるから、集荷には特別な努力が不可欠なのである。

その品揃えは、周辺の競争相手企業の三倍以上の品種数を揃えること、陳列量も圧倒的に多いことも条件である。しかし売価は常識的な価格帯の下のほう、つまりロワー・ポピュラー・プライスでなければならないことは先にも述べた。

次に、できるかぎり客層の広い品揃えをすることである。たとえばバレンタインなら若い女性を対象にするよりも、これからは子供や主婦の需要に重点を置くべきである。そのほうが、はるかに人口が多いからだ。

さらに、同じシーゾナブル・アイテムでも、バレンタインより防寒用品のほうが有利である。なぜならバレンタインに関係のない客層は多いが、防寒用品に無関係な客層は日本にはいない。つまり、全客層に関わりがあるのだ。

目的は、その地域の需要を半年分短い期間で売り尽くすことである。たとえばフォーマルウエアならば、その後、数か月は他店の常設売場に立ち寄るお客がいないくらいにマーケットを寡占することである。

以上のことを実行するためには、計画段階の早い時期にベンダー側の協力を十分に取り付けて、早くから細かい契約を交わすことである。ベンダーやブローカーを上手に活用することが、臨時の品揃えを充実させるには不可欠である。

それと同時に広告の打ち出し方を検討する。お決まりのチラシに組み込まれる部分的な扱いではなく、主力商品を大きく取り上げた、印象の異なるものでなければならない。

最後に、シーゾナルの効果測定がそのつど報告され、評価され、計画が修正されること。短期決戦だけに、同じ間違いを繰り返す余裕はない。それには、

① 社内従業員、とくにパートタイマーの人たちの購買率

② 入店客数中の寄付き率

③ 販売量

が、評価の尺度になるはずである。

用語索引

著者紹介

桜井多恵子（さくらい　たえこ）

一九四七年生まれ。女子美術短期大学造形科卒業後ただちに日本リテイリングセンターに勤務。同社チーフ・コンサルタント渥美俊一のアシスタントとして、マス・マーチャンダイジングの調査研究を担当。この間、一九八六年ニューヨーク州立ファッション工科大学ファッション・マーチャンダイジング学科卒業。渡欧米歴二〇〇回以上。

他の著書として『アメリカのチェーンストア見学』、『サービス』、『重点販売』、『ストア・コンパリゾン』〈共著〉（実務教育出版刊）、『チェーンストアの商品開発』〈共著〉、『チェーンストアの衣料改革』、『新スーパーマーケット革命』（ダイヤモンド社刊）、『リミティッド社はなぜ世界最大になれたか』（商業界刊）『私のウォルマート商法』（監訳・講談社）など。現在、日本リテイリングセンター・シニア・コンサルタント

私ども日本リテイリングセンターの活動目的は、わが国チェーンストア産業を築造することであり、私どもの指導対象はメンバーシップで、クライアントはわが国唯一のチェーンストア経営研究団体「ペガサスクラブ」に加盟している。ご関心の向きは、〒107-0062 東京都港区南青山一―一五―三ペガサスビル　☎〇三（三四七五）〇六二一（代表）の同クラブ宛にお問い合わせ願いたい。

「ペガサスクラブ」ホームページは www.pegasusclub.co.jp

チェーンストアの実務原則シリーズ

新しい売場構成

平成 六 年四月 十 日　初版第一刷発行
平成十六年六月三十日　新訂初版第一刷発行
平成三十年五月 十 日　新訂第四版第二刷発行

著者――桜井多恵子

発行者――小山隆之
装本者――道吉　剛・中村和代
発行所――株式会社　実務教育出版
東京都新宿区新宿一―一―一二　〒一六三―八六七一
電話　〇三-三三五五-一九五一（販売）
　　　〇三-三三五五-一八一二（編集）
振替　〇〇一六〇―〇―七八二七〇
印刷――図書印刷　株式会社
製本――東京美術紙工

ISBN978-4-7889-0522-1 C2363 Printed in Japan

【チェーンストアの実務原則・シリーズ】

実務教育出版

商品構成【全訂版】

渥美俊一著

国民大衆に豊潤な暮らしをもたらすための品揃えの原則を、世界のチェーン産業界で既に実証ずみの明快な体系として示した待望の書。

仕入れと調達【全訂版】

渥美俊一著

商品構成グラフを使いこなしながら、ベンダーの選択から取引方法の原則まで、チェーン経営独自の仕入れ技術と買付け方法の基本を解明。

店舗レイアウト【全訂版】

渥美俊一著

店とSCのレイアウトは、わが国では我流ばかりが横行している。これはチェーンストアの経験法則を日本で初めて体系化した実務理論書だ。

新しい売場構成【新訂版】

桜井多恵子著

日本の売場分類はすべて「作る立場」からだ。本当に「使う立場・買う立場」での分類とその関連のさせ方を、アメリカ・チェーンの実例で解説。

重点販売

桜井多恵子著

マス・アイテムを育て、需要を一気に寡占する重点販売の計画づくりから、広告、売場プレゼンテーションの実際までを解説。

チェーンストアのマネジメント［新訂版］

渥美俊一著

「マネジメント」イコール管理・統制ではない。マネジメントとは、目標を達成するために作業方法を変える努力のことだ。激励や叱責に代わる科学的な行動原則を初めて解明。

サービス

桜井多恵子著

アメリカのチェーンが、一五〇年かけて築きあげた客を満足させる手法とは？　接客強化や特価特売、一斉割引ではない本当のサービスを提案。

ストア・コンパリゾン［新訂版］
＝店舗見学のコツ

渥美俊一
桜井多恵子 共著

勝つためには、敵を知ること。適切な〝店舗比較〟こそ競争への武器だ。チェーン経営を支える他店舗見学のノウハウを初めて体系化。

アメリカのチェーンストア見学［新訂版］

桜井多恵子著

アメリカのチェーンストアから流通革命をいかに正確に学ぶか。四七年間に一万六千人を引率したペガサス・アメリカ視察セミナーの教本を初公開。

21世紀のチェーンストア

渥美俊一　著

チェーンストアは今、何をめざすのか！　人々の日常生活を、本当の豊かさへと転換させる新しい産業づくりの方法を明示。渥美俊一の代表作。

〔目次構成〕